ihappy dagboken

min förenklade dagbok

Nalle Windahl

Bli gladare, reflektera, utvecklas och nå dina mål.

Första utgåvan

Förlag: BoD – Books on Demand, Stockholm, Sverige
Tryck: BoD – Books on Demand, Norderstedt, Tyskland

ISBN: 978-91-7969-211-7

Förord

Det här är din bok, den handlar om dig, ditt liv, dina tankar, drömmar och mål.

Du bestämmer vad du vill använda, allt, lite eller en del. Det är ett verktyg som kombinerar många olika tankar och tekniker som utvecklats av många kloka människor som gått för dig och som gått före mig. Deras tekniker och verktyg har hjälpt många, de har hjälpt mig och förhoppningsvis är det något som kan hjälpa dig.

Bokens uppbyggnad

Först kommer det ett avsnitt med förklaring och tanke bakom varje del och sen är det upp till dig vad du vill göra med den. Det finns inget rätt eller fel, men det finns ett rätt sätt för dig, använd boken så!

Andra resurser

Förutom verktygen och alla delar som finns i den här boken, så finns det också, helt gratis, massor med saker på webbplatsen www.ihappy.se.

Med förhoppning om att du kommer ha mycket nytta och glädje av den här boken!

Allt gott och lycka till!

/Nalle

Ditt liv – dina förutsättningar – din väg

Hur är det upplagt?

- Veckoöversikt
- Sju dagblad
- Veckosammanfattning
- Mina tankar efter veckan
- Sen repeteras det

Vad finns i en veckoöversikt?

- Veckans intention
  - Hur vill du att din vecka ska vara? Ex. lugn, harmonisk, energifylld, något speciellt du ska öva på eller vara uppmärksam på?
- Veckans fokus
  - Vad vill du fokusera på? Någon relation? En uppgift?
- Veckans fem viktigaste prioriteringar
  - Vilka fem saker är viktigast för dig under veckan som kommer? Någon viss uppgift? Ett möte eller födelsedag? Något du inte vill missa eller verkligen vill få gjort...
- Veckans tre vanor
  - Skriv vad du vill göra, exempelvis "Jag ska träna tre gånger den här veckan", skriv sedan in det på dina dagblad, så att du inte glömmer bort det!
  - Berätta för dig själv varför du ska göra det du sagt, exempelvis "För att jag vill må bättre och sova bättre om nätterna."
  - Följ sedan upp vanorna för varje dag, vana 1, vana 2 och vana 3. Sammanfatta sedan veckan och utvärdera hur du tyckte att det gick för dig...

Vad finns i ditt dagblad?

- Datum
- 3 saker du är tacksam för
  - o Tänk stort som smått! Tak över huvudet? Ditt husdjur? Att du har en viss förmåga? Personer i din omgivning? Din favoritkopp? Börja dagen med att reflektera kring detta och fyll i.
- 3 prioriterade uppgifter
  - o Vilka är dagens tre uppgifter? Börja gärna dagen med att titta på och/eller fyll i vad du prioriterar för dagen.
- En sak som gjort dig glad
  - o På kvällen, reflektera vad som gjort dig glad idag.
- En lärdom du tar med dig
  - o På kvällen, reflektera över vad du kan lära dig från dagen.
- Ditt humör
  - o På kvällen, välj en eller flera uttryck som avspeglar ditt humör. Varje symbol betyder det du vill att det ska betyda!
- Hur du har mått
  - o På kvällen, bra (tumme upp) eller dåligt (tumme ner)?
- Dina tre vanor
  - o Hur har det gått med dina vanor? Har du utfört dem som tänkt? Vanorna är de du definierade som vana 1, 2 och 3 för veckan. De kan variera vecka från vecka, eller vara samma, det är helt upp till dig. Men hur blev det just idag, blev det som du tänkt dig?

Vad finns i veckosammanfattningen då?

Ja, det kommer du märka, det är en del av flödet i den här dagboken. Tanken är att du en gång i veckan (kanske någon gång under helgen, typ söndag) planerar din vecka grovt i veckoöversikten, flyttar ut de 5 viktigaste uppgifter du vill planera in under veckan.
Sen börjar du varje morgon med att kolla igenom och sätta dagens plan. Avslutar varje dag med att följa upp och fylla i resten av sakerna… och tillslut, sammanfatta veckan som gått och planera nästa. Så att du liksom syr ihop dagarna med varandra och veckorna med varandra.

Mina tankar efter veckan

Reflektera fritt på de två tomma sidorna och skriv vad som helst som kommer till dig.

Enjoy!

^..^

Så… nu ska du snart börja med din dagbok.

Men innan du kan göra det, så gäller det att du skiftar fokus, och då måste jag också göra det.

Här nere ser du ett streck över hela sidan, allt som står efter det, dvs allt under strecket på denna sida och alla efterföljande sidor i resten av boken, allt är skrivet ur ditt perspektiv, du (du som läser) blir jag (jag som läser) och jag som skriver försvinner. Så du blir jag och jag är inte längre med… klart som korvspad?

Nu är det jag som läser i min bok. Det finns inte längre någon annan som är med mig här, det är bara jag själv och mina egna tankar, min egen vilja och min egen väg.

Jag ser fram emot att använda denna dagbok som ett verktyg som kan hjälpa mig i min vardag. Stärka mig, utveckla mig och utmana mig.

Jag tar mig an varje utmaning med ett öppet sinne och en nyfikenhet för att se var dessa steg kan ta mig.

Nu är det dags för mig att sätta igång, på nästa sida hittar jag min första veckoöversikt.

Jag ska ha tålamod med mig själv och fylla i de saker jag tycker känns relevanta så gott jag kan och efterhand växa in i att använda de verktyg jag tycker passar mig!

Veckoöversikt vecka: _____ år: 20 _____

Min intention för veckan:

_____

_____

_____

_____

Mitt fokus för veckan:

_____

_____

_____

_____

Mina fem viktigaste prioriteringar:

1. _____
2. _____
3. _____
4. _____
5. _____

Veckans vanor. I veckan ska jag:

1. _____
För att: _____

_____

2. _____
För att: _____

_____

3. _____
För att: _____

_____

Mitt dagblad ___ / ___ / ___

Idag är jag tacksam för:

1. _____
2. _____
3. _____

Idag prioriterar jag:

1. _____
2. _____
3. _____

En sak som gjort mig glad idag:

_____

_____

En lärdom jag tar med mig från idag:

_____

_____

Hur har jag mått?

Idag har jag lyckats med mina vanor:

1. Ja / Nej
2. Ja / Nej
3. Ja / Nej

Idag var mitt humör:

Mitt dagblad _____ / _____ / _____

Idag är jag tacksam för:

1. _____

2. _____

3. _____

Idag prioriterar jag:

1. _____

2. _____

3. _____

En sak som gjort mig glad idag:

_____

_____

_____

En lärdom jag tar med mig från idag:

_____

_____

_____

Hur har jag mått?

Idag har jag lyckats med mina vanor:

1. Ja / Nej
2. Ja / Nej
3. Ja / Nej

Idag var mitt humör:

Mitt dagblad ___/___/___

Idag är jag tacksam för:

1. _____
2. _____
3. _____

Idag prioriterar jag:

1. _____
2. _____
3. _____

En sak som gjort mig glad idag:

_____
_____
_____

En lärdom jag tar med mig från idag:

_____
_____

Hur har jag mått?

Idag har jag lyckats med mina vanor:

1. Ja / Nej
2. Ja / Nej
3. Ja / Nej

Idag var mitt humör:

Mitt dagblad ____ / ____ / ____

Idag är jag tacksam för:

1. _____

2. _____

3. _____

Idag prioriterar jag:

1. _____

2. _____

3. _____

En sak som gjort mig glad idag:

_____

_____

_____

En lärdom jag tar med mig från idag:

_____

_____

_____

Hur har jag mått?

Idag har jag lyckats med mina vanor:

1. Ja / Nej

2. Ja / Nej

3. Ja / Nej

Idag var mitt humör:

😃 😊 😐 🙁 🫣 😟 😍 😣 🤩 😎 😑 😔 😮 😈 😊

Mitt dagblad ___/___/___

Idag är jag tacksam för:

1. _____

2. _____

3. _____

Idag prioriterar jag:

1. _____

2. _____

3. _____

En sak som gjort mig glad idag:

_____

_____

_____

En lärdom jag tar med mig från idag:

_____

_____

_____

Hur har jag mått?

Idag har jag lyckats med mina vanor:

1. Ja / Nej
2. Ja / Nej
3. Ja / Nej

Idag var mitt humör:

Mitt dagblad ___ / ___ / ___

Idag är jag tacksam för:

1. _____
2. _____
3. _____

Idag prioriterar jag:

1. _____
2. _____
3. _____

En sak som gjort mig glad idag:

_____
_____
_____

En lärdom jag tar med mig från idag:

_____
_____
_____

Hur har jag mått?

Idag har jag lyckats med mina vanor:

1. Ja / Nej
2. Ja / Nej
3. Ja / Nej

Idag var mitt humör:

Mitt dagblad _____ / _____ / _____

Idag är jag tacksam för:

1. _____

2. _____

3. _____

Idag prioriterar jag:

1. _____

2. _____

3. _____

En sak som gjort mig glad idag:

_____

_____

En lärdom jag tar med mig från idag:

_____

_____

Hur har jag mått?

Idag har jag lyckats med mina vanor:

1. Ja / Nej
2. Ja / Nej
3. Ja / Nej

Idag var mitt humör:

17

Min veckosammanfattning

Vilka saker blev som jag tänkt mig denna vecka?

_____

_____

_____

Vilka saker kan jag göra annorlunda en annan gång?

_____

_____

_____

Hur har jag mest mått denna vecka? 👍 👎

Hur har mitt humör mestadels varit denna vecka?

😃 🙂 😐 🙁 😭 😫 😊 😣 🤩 😎 😌 😌 😮 😈 😇

Så här lyckades jag med mina vanor den här veckan:

☒   ⭐☆☆   ⭐⭐☆   ⭐⭐⭐

Min veckosammanfattning fortsättning

Vad har jag kunnat påverka i veckan?

Vad lärde jag mig av det?

Vad har jag _inte_ kunnat påverka i veckan?

Hur väljer jag att hantera det?

o   Älta   o   Deppa   o   Acceptera
o   Släppa   o   Ignorera   o   Skoja bort
o   Lära av   o   Sura   o   Perspektiv

Annat sätt:

Vilka av mina prioriterade uppgifter denna vecka blev olösta och är aktuella att flytta över till nästa vecka?

Mina tankar efter veckan

Veckoöversikt vecka: _____ år: 20 _____

Min intention för veckan:

_____
_____
_____
_____

Mitt fokus för veckan:

_____
_____
_____
_____

Mina fem viktigaste prioriteringar:
1. _____
2. _____
3. _____
4. _____
5. _____

Veckans vanor. I veckan ska jag:
1. _____
För att: _____

2. _____
För att: _____

3. _____
För att: _____

Mitt dagblad _____ / _____ / _____

Idag är jag tacksam för:

1. ....

2. ....

3. ....

Idag prioriterar jag:

1. ....

2. ....

3. ....

En sak som gjort mig glad idag:

....

....

....

En lärdom jag tar med mig från idag:

....

....

....

Hur har jag mått?

Idag har jag lyckats med mina vanor:

1. Ja / Nej

2. Ja / Nej

3. Ja / Nej

Idag var mitt humör:

Mitt dagblad ___/___/___

Idag är jag tacksam för:

1. ....

2. ....

3. ....

Idag prioriterar jag:

1. ....

2. ....

3. ....

En sak som gjort mig glad idag:

....

....

....

En lärdom jag tar med mig från idag:

....

....

....

Hur har jag mått?

Idag har jag lyckats med mina vanor:

1. Ja / Nej

2. Ja / Nej

3. Ja / Nej

Idag var mitt humör:

Mitt dagblad ___/___/___

Idag är jag tacksam för:

1. ....
2. ....
3. ....

Idag prioriterar jag:

1. ....
2. ....
3. ....

En sak som gjort mig glad idag:

....
....

En lärdom jag tar med mig från idag:

....
....

Hur har jag mått?

Idag har jag lyckats med
mina vanor:

1. Ja / Nej
2. Ja / Nej
3. Ja / Nej

Idag var mitt humör:

Mitt dagblad ___ / ___ / ___

Idag är jag tacksam för:

1. _____
2. _____
3. _____

Idag prioriterar jag:

1. _____
2. _____
3. _____

En sak som gjort mig glad idag:

_____
_____
_____

En lärdom jag tar med mig från idag:

_____
_____
_____

Hur har jag mått?   Idag har jag lyckats med
                               mina vanor:

1. Ja / Nej
2. Ja / Nej
3. Ja / Nej

Idag var mitt humör:

Mitt dagblad _____ / _____ / _____

Idag är jag tacksam för:

1. _____

2. _____

3. _____

Idag prioriterar jag:

1. _____

2. _____

3. _____

En sak som gjort mig glad idag:

_____

_____

_____

En lärdom jag tar med mig från idag:

_____

_____

_____

Hur har jag mått?   Idag har jag lyckats med
                                     mina vanor:

         1. Ja / Nej
                                     2. Ja / Nej
                                     3. Ja / Nej

Idag var mitt humör:

Mitt dagblad ___ / ___ / ___

Idag är jag tacksam för:

1. _____
2. _____
3. _____

Idag prioriterar jag:

1. _____
2. _____
3. _____

En sak som gjort mig glad idag:

_____
_____
_____

En lärdom jag tar med mig från idag:

_____
_____
_____

Hur har jag mått?

Idag har jag lyckats med mina vanor:

1. Ja / Nej
2. Ja / Nej
3. Ja / Nej

Idag var mitt humör:

Mitt dagblad   /   /

Idag är jag tacksam för:

1.
2.
3.

Idag prioriterar jag:

1.
2.
3.

En sak som gjort mig glad idag:

En lärdom jag tar med mig från idag:

Hur har jag mått?

Idag har jag lyckats med mina vanor:

1. Ja / Nej
2. Ja / Nej
3. Ja / Nej

Idag var mitt humör:

Min veckosammanfattning

Vilka saker blev som jag tänkt mig denna vecka?

Vilka saker kan jag göra annorlunda en annan gång?

Hur har jag mest mått denna vecka? 👍 👎

Hur har mitt humör mestadels varit denna vecka?

😃 🙂 😐 🙁 😭 😫 😍 😖 🤩 😎 😐 😳 😮 😈 😇

Så här lyckades jag med mina vanor den här veckan:

☒   ⭐☆☆   ⭐⭐☆   ⭐⭐⭐

Min veckosammanfattning fortsättning

Vad har jag kunnat påverka i veckan?

_____

_____

_____

Vad lärde jag mig av det?

_____

_____

_____

Vad har jag _inte_ kunnat påverka i veckan?

_____

_____

_____

Hur väljer jag att hantera det?

- o Älta
- o Släppa
- o Lära av
- o Deppa
- o Ignorera
- o Sura
- o Acceptera
- o Skoja bort
- o Perspektiv

Annat sätt: _____

Vilka av mina prioriterade uppgifter denna vecka blev
olösta och är aktuella att flytta över till nästa vecka?

Mina tankar efter veckan

Veckoöversikt vecka: _____ år: 20 ___

Min intention för veckan:

_____
_____
_____
_____

Mitt fokus för veckan:

_____
_____
_____
_____

Mina fem viktigaste prioriteringar:
1. _____
2. _____
3. _____
4. _____
5. _____

Veckans vanor. I veckan ska jag:
1. _____
För att: _____
_____

2. _____
För att: _____
_____

3. _____
För att: _____
_____

Mitt dagblad ___/___/___

Idag är jag tacksam för:

1._____
2._____
3._____

Idag prioriterar jag:

1._____
2._____
3._____

En sak som gjort mig glad idag:

_____
_____
_____

En lärdom jag tar med mig från idag:

_____
_____
_____

Hur har jag mått?

Idag har jag lyckats med mina vanor:

1. Ja / Nej
2. Ja / Nej
3. Ja / Nej

Idag var mitt humör:

35

Mitt dagblad ___ / ___ / ___

Idag är jag tacksam för:
1.
2.
3.

Idag prioriterar jag:
1.
2.
3.

En sak som gjort mig glad idag:

En lärdom jag tar med mig från idag:

Hur har jag mått?

Idag har jag lyckats med mina vanor:

1. Ja / Nej
2. Ja / Nej
3. Ja / Nej

Idag var mitt humör:

Mitt dagblad ___ / ___ / ___

Idag är jag tacksam för:

1. _____

2. _____

3. _____

Idag prioriterar jag:

1. _____

2. _____

3. _____

En sak som gjort mig glad idag:

_____

_____

En lärdom jag tar med mig från idag:

_____

_____

Hur har jag mått?   Idag har jag lyckats med
                                 mina vanor:

           1. Ja / Nej

                                 2. Ja / Nej

                                 3. Ja / Nej

Idag var mitt humör:

Mitt dagblad ___ / ___ / ___

Idag är jag tacksam för:

1. _____

2. _____

3. _____

Idag prioriterar jag:

1. _____

2. _____

3. _____

En sak som gjort mig glad idag:

_____

_____

_____

En lärdom jag tar med mig från idag:

_____

_____

_____

Hur har jag mått?

Idag har jag lyckats med mina vanor:

1. Ja / Nej

2. Ja / Nej

3. Ja / Nej

Idag var mitt humör:

Mitt dagblad ___/___/___

Idag är jag tacksam för:

1. _____
2. _____
3. _____

Idag prioriterar jag:

1. _____
2. _____
3. _____

En sak som gjort mig glad idag:

_____
_____
_____

En lärdom jag tar med mig från idag:

_____
_____
_____

Hur har jag mått?

Idag har jag lyckats med mina vanor:

1. Ja / Nej
2. Ja / Nej
3. Ja / Nej

Idag var mitt humör:

Mitt dagblad ___/___/___

Idag är jag tacksam för:

1. _____
2. _____
3. _____

Idag prioriterar jag:

1. _____
2. _____
3. _____

En sak som gjort mig glad idag:

_____
_____
_____

En lärdom jag tar med mig från idag:

_____
_____
_____

Hur har jag mått?

Idag har jag lyckats med mina vanor:

1. Ja / Nej
2. Ja / Nej
3. Ja / Nej

Idag var mitt humör:

Mitt dagblad ___ / ___ / ___

Idag är jag tacksam för:

1. _____

2. _____

3. _____

Idag prioriterar jag:

1. _____

2. _____

3. _____

En sak som gjort mig glad idag:

_____

_____

_____

En lärdom jag tar med mig från idag:

_____

_____

_____

Hur har jag mått?

Idag har jag lyckats med mina vanor:

1. Ja / Nej

2. Ja / Nej

3. Ja / Nej

Idag var mitt humör:

Min veckosammanfattning

Vilka saker blev som jag tänkt mig denna vecka?

_____

_____

_____

Vilka saker kan jag göra annorlunda en annan gång?

_____

_____

_____

Hur har jag mest mått denna vecka? 👍 👎

Hur har mitt humör mestadels varit denna vecka?

😃 🙂 😐 🙁 😭 😫 😍 😣 🤩 😎 😌 😥 😮 😈 😇

Så här lyckades jag med mina vanor den här veckan:

☒   ⭐☆☆   ⭐⭐☆   ⭐⭐⭐

Min veckosammanfattning fortsättning

Vad har jag kunnat påverka i veckan?

Vad lärde jag mig av det?

Vad har jag _inte_ kunnat påverka i veckan?

Hur väljer jag att hantera det?

- o Älta
- o Släppa
- o Lära av

- o Deppa
- o Ignorera
- o Sura

- o Acceptera
- o Skoja bort
- o Perspektiv

Annat sätt:

Vilka av mina prioriterade uppgifter denna vecka blev olösta och är aktuella att flytta över till nästa vecka?

Mina tankar efter veckan

Veckoöversikt vecka: _____   år: 20 _____

Min intention för veckan:

_____
_____
_____
_____

Mitt fokus för veckan:

_____
_____
_____
_____

Mina fem viktigaste prioriteringar:
1. _____
2. _____
3. _____
4. _____
5. _____

Veckans vanor. I veckan ska jag:
1. _____
För att: _____

2. _____
För att: _____

3. _____
För att: _____

Mitt dagblad ___ / ___ / ___

Idag är jag tacksam för:

1. _____
2. _____
3. _____

Idag prioriterar jag:

1. _____
2. _____
3. _____

En sak som gjort mig glad idag:

_____
_____
_____

En lärdom jag tar med mig från idag:

_____
_____
_____

Hur har jag mått?

Idag har jag lyckats med mina vanor:

1. Ja / Nej
2. Ja / Nej
3. Ja / Nej

Idag var mitt humör:

Mitt dagblad ___ / ___ / ___

Idag är jag tacksam för:

1. _____
2. _____
3. _____

Idag prioriterar jag:

1. _____
2. _____
3. _____

En sak som gjort mig glad idag:

_____
_____
_____

En lärdom jag tar med mig från idag:

_____
_____
_____

Hur har jag mått?

Idag har jag lyckats med mina vanor:

1. Ja / Nej
2. Ja / Nej
3. Ja / Nej

Idag var mitt humör:

😀 🙂 😐 🙁 🤐 😒 😍 😖 😵 😎 😕 😳 😮 😈 😇

Mitt dagblad ___ / ___ / ___

Idag är jag tacksam för:

1. _____
2. _____
3. _____

Idag prioriterar jag:

1. _____
2. _____
3. _____

En sak som gjort mig glad idag:

_____
_____

En lärdom jag tar med mig från idag:

_____
_____

Hur har jag mått?   Idag har jag lyckats med
                           mina vanor:

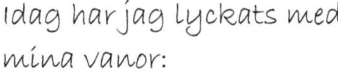

1. Ja / Nej
2. Ja / Nej
3. Ja / Nej

Idag var mitt humör:

Mitt dagblad ___ / ___ / ___

Idag är jag tacksam för:

1. _____
2. _____
3. _____

Idag prioriterar jag:

1. _____
2. _____
3. _____

En sak som gjort mig glad idag:

_____

_____

_____

En lärdom jag tar med mig från idag:

_____

_____

_____

Hur har jag mått?

Idag har jag lyckats med mina vanor:

1. Ja / Nej
2. Ja / Nej
3. Ja / Nej

Idag var mitt humör:

Mitt dagblad _____ / _____ / _____

Idag är jag tacksam för:

1. _____

2. _____

3. _____

Idag prioriterar jag:

1. _____

2. _____

3. _____

En sak som gjort mig glad idag:

_____

_____

_____

En lärdom jag tar med mig från idag:

_____

_____

_____

Hur har jag mått?

Idag har jag lyckats med mina vanor:

1. Ja / Nej

2. Ja / Nej

3. Ja / Nej

Idag var mitt humör:

Mitt dagblad ___/___/___

Idag är jag tacksam för:

1.

2.

3.

Idag prioriterar jag:

1.

2.

3.

En sak som gjort mig glad idag:

En lärdom jag tar med mig från idag:

Hur har jag mått?

Idag har jag lyckats med mina vanor:

1. Ja / Nej
2. Ja / Nej
3. Ja / Nej

Idag var mitt humör:

Mitt dagblad ___/___/___

Idag är jag tacksam för:

1.

2.

3.

Idag prioriterar jag:

1.

2.

3.

En sak som gjort mig glad idag:

En lärdom jag tar med mig från idag:

Hur har jag mått?

Idag har jag lyckats med mina vanor:

1. Ja / Nej
2. Ja / Nej
3. Ja / Nej

Idag var mitt humör:

Min veckosammanfattning

Vilka saker blev som jag tänkt mig denna vecka?

Vilka saker kan jag göra annorlunda en annan gång?

Hur har jag mest mått denna vecka? 👍 👎

Hur har mitt humör mestadels varit denna vecka?

😃 🙂 😐 🙁 😭 😫 😍 😖 🤩 😎 😌 😊 😮 😈 😊

Så här lyckades jag med mina vanor den här veckan:

☒   ★☆☆   ★★☆   ★★★

Min veckosammanfattning fortsättning

Vad har jag kunnat påverka i veckan?

Vad lärde jag mig av det?

Vad har jag _inte_ kunnat påverka i veckan?

Hur väljer jag att hantera det?

- o Älta
- o Släppa
- o Lära av

- o Deppa
- o Ignorera
- o Sura

- o Acceptera
- o Skoja bort
- o Perspektiv

Annat sätt:

Vilka av mina prioriterade uppgifter denna vecka blev
olösta och är aktuella att flytta över till nästa vecka?

Mina tankar efter veckan

Veckoöversikt vecka: _____ år: 20 _____

Min intention för veckan:

_____
_____
_____
_____

Mitt fokus för veckan:

_____
_____
_____
_____

Mina fem viktigaste prioriteringar:
1. _____
2. _____
3. _____
4. _____
5. _____

Veckans vanor. I veckan ska jag:
1. _____
För att: _____

_____

2. _____
För att: _____

_____

3. _____
För att: _____

_____

Mitt dagblad ___/___/___

Idag är jag tacksam för:
1. _____
2. _____
3. _____

Idag prioriterar jag:
1. _____
2. _____
3. _____

En sak som gjort mig glad idag:
_____
_____
_____

En lärdom jag tar med mig från idag:
_____
_____

Hur har jag mått?

Idag har jag lyckats med mina vanor:

1. Ja / Nej
2. Ja / Nej
3. Ja / Nej

Idag var mitt humör:

59

Mitt dagblad ___ / ___ / ___

Idag är jag tacksam för:

1.
2.
3.

Idag prioriterar jag:

1.
2.
3.

En sak som gjort mig glad idag:

En lärdom jag tar med mig från idag:

Hur har jag mått?

Idag har jag lyckats med mina vanor:

1. Ja / Nej
2. Ja / Nej
3. Ja / Nej

Idag var mitt humör:

Mitt dagblad ___ / ___ / ___

Idag är jag tacksam för:

1. _____

2. _____

3. _____

Idag prioriterar jag:

1. _____

2. _____

3. _____

En sak som gjort mig glad idag:

_____

_____

En lärdom jag tar med mig från idag:

_____

_____

Hur har jag mått?   Idag har jag lyckats med
mina vanor:

1. Ja / Nej
2. Ja / Nej
3. Ja / Nej

Idag var mitt humör:

Mitt dagblad ___ / ___ / ___

Idag är jag tacksam för:

1. _____
2. _____
3. _____

Idag prioriterar jag:

1. _____
2. _____
3. _____

En sak som gjort mig glad idag:

_____
_____
_____

En lärdom jag tar med mig från idag:

_____
_____
_____

Hur har jag mått?

Idag har jag lyckats med mina vanor:

1. Ja / Nej
2. Ja / Nej
3. Ja / Nej

Idag var mitt humör:

Mitt dagblad ___ / ___ / ___

Idag är jag tacksam för:

1. _____
2. _____
3. _____

Idag prioriterar jag:

1. _____
2. _____
3. _____

En sak som gjort mig glad idag:

_____
_____
_____

En lärdom jag tar med mig från idag:

_____
_____
_____

Hur har jag mått?

Idag har jag lyckats med mina vanor:

1. Ja / Nej
2. Ja / Nej
3. Ja / Nej

Idag var mitt humör:

Mitt dagblad ___ / ___ / ___

Idag är jag tacksam för:

1.
2.
3.

Idag prioriterar jag:

1.
2.
3.

En sak som gjort mig glad idag:

En lärdom jag tar med mig från idag:

Hur har jag mått?

Idag har jag lyckats med mina vanor:

1. Ja / Nej
2. Ja / Nej
3. Ja / Nej

Idag var mitt humör:

Mitt dagblad ___/___/___

Idag är jag tacksam för:

1. _____
2. _____
3. _____

Idag prioriterar jag:

1. _____
2. _____
3. _____

En sak som gjort mig glad idag:

_____
_____
_____

En lärdom jag tar med mig från idag:

_____
_____
_____

Hur har jag mått?

Idag har jag lyckats med mina vanor:

1. Ja / Nej
2. Ja / Nej
3. Ja / Nej

Idag var mitt humör:

Min veckosammanfattning

Vilka saker blev som jag tänkt mig denna vecka?

_____

_____

_____

Vilka saker kan jag göra annorlunda en annan gång?

_____

_____

_____

Hur har jag mest mått denna vecka?   👍   👎

Hur har mitt humör mestadels varit denna vecka?

😃 🙂 😐 🙁 😭 😧 😊 😖 🤩 😎 😏 😵 😲 😈 😇

Så här lyckades jag med mina vanor den här veckan:

☒   ⭐☆☆   ⭐⭐☆   ⭐⭐⭐

Min veckosammanfattning fortsättning

Vad har jag kunnat påverka i veckan?

Vad lärde jag mig av det?

Vad har jag _inte_ kunnat påverka i veckan?

Hur väljer jag att hantera det?

- o Älta
- o Släppa
- o Lära av

- o Deppa
- o Ignorera
- o Sura

- o Acceptera
- o Skoja bort
- o Perspektiv

Annat sätt:

Vilka av mina prioriterade uppgifter denna vecka blev olösta och är aktuella att flytta över till nästa vecka?

Mina tankar efter veckan

Veckoöversikt vecka: _____ år: 20 _____

Min intention för veckan:
_____
_____
_____
_____

Mitt fokus för veckan:
_____
_____
_____
_____

Mina fem viktigaste prioriteringar:
1. _____
2. _____
3. _____
4. _____
5. _____

Veckans vanor. I veckan ska jag:
1. _____
För att: _____

2. _____
För att: _____

3. _____
För att: _____

Mitt dagblad ___ / ___ / ___

Idag är jag tacksam för:

1. _____
2. _____
3. _____

Idag prioriterar jag:

1. _____
2. _____
3. _____

En sak som gjort mig glad idag:

_____
_____
_____

En lärdom jag tar med mig från idag:

_____
_____

Hur har jag mått?

Idag har jag lyckats med mina vanor:

1. Ja / Nej
2. Ja / Nej
3. Ja / Nej

Idag var mitt humör:

Mitt dagblad ___/___/___

Idag är jag tacksam för:

1. _____
2. _____
3. _____

Idag prioriterar jag:

1. _____
2. _____
3. _____

En sak som gjort mig glad idag:

_____
_____
_____

En lärdom jag tar med mig från idag:

_____
_____
_____

Hur har jag mått?

Idag har jag lyckats med mina vanor:

1. Ja / Nej
2. Ja / Nej
3. Ja / Nej

Idag var mitt humör:

😀 😊 😐 ☹️ 😭 😨 😍 😖 🤬 😎 😕 😳 😮 😈 😇

Mitt dagblad ___/___/___

Idag är jag tacksam för:

1. _____
2. _____
3. _____

Idag prioriterar jag:

1. _____
2. _____
3. _____

En sak som gjort mig glad idag:

_____
_____
_____

En lärdom jag tar med mig från idag:

_____
_____

Hur har jag mått?

Idag har jag lyckats med mina vanor:

1. Ja / Nej
2. Ja / Nej
3. Ja / Nej

Idag var mitt humör:

73

Mitt dagblad ___/___/___

Idag är jag tacksam för:

1. _____
2. _____
3. _____

Idag prioriterar jag:

1. _____
2. _____
3. _____

En sak som gjort mig glad idag:

_____

_____

En lärdom jag tar med mig från idag:

_____

_____

Hur har jag mått?

Idag har jag lyckats med mina vanor:

1. Ja / Nej
2. Ja / Nej
3. Ja / Nej

Idag var mitt humör:

Mitt dagblad ___/___/___

Idag är jag tacksam för:

1. _____
2. _____
3. _____

Idag prioriterar jag:

1. _____
2. _____
3. _____

En sak som gjort mig glad idag:

_____

_____

_____

En lärdom jag tar med mig från idag:

_____

_____

_____

Hur har jag mått?

Idag har jag lyckats med mina vanor:

1. Ja / Nej
2. Ja / Nej
3. Ja / Nej

Idag var mitt humör:

75

Mitt dagblad _____ / _____ / _____

Idag är jag tacksam för:

1. _____
2. _____
3. _____

Idag prioriterar jag:

1. _____
2. _____
3. _____

En sak som gjort mig glad idag:

_____
_____
_____

En lärdom jag tar med mig från idag:

_____
_____
_____

Hur har jag mått?

Idag har jag lyckats med mina vanor:

1. Ja / Nej
2. Ja / Nej
3. Ja / Nej

Idag var mitt humör:

76

Mitt dagblad ___ / ___ / ___

Idag är jag tacksam för:

1. _____
2. _____
3. _____

Idag prioriterar jag:

1. _____
2. _____
3. _____

En sak som gjort mig glad idag:

_____
_____
_____

En lärdom jag tar med mig från idag:

_____
_____
_____

Hur har jag mått?

Idag har jag lyckats med mina vanor:

1. Ja / Nej
2. Ja / Nej
3. Ja / Nej

Idag var mitt humör:

Min veckosammanfattning

Vilka saker blev som jag tänkt mig denna vecka?

_____

_____

_____

Vilka saker kan jag göra annorlunda en annan gång?

_____

_____

_____

Hur har jag mest mått denna vecka? 👍 👎

Hur har mitt humör mestadels varit denna vecka?

😃 😊 😐 🙁 😭 😣 🥰 😖 😵 😎 😑 😌 😮 😈 😇

Så här lyckades jag med mina vanor den här veckan:

☒   ★☆☆   ★★☆   ★★★

Min veckosammanfattning fortsättning

Vad har jag kunnat påverka i veckan?

Vad lärde jag mig av det?

Vad har jag _inte_ kunnat påverka i veckan?

Hur väljer jag att hantera det?

o Älta	o Deppa	o Acceptera
o Släppa	o Ignorera	o Skoja bort
o Lära av	o Sura	o Perspektiv

Annat:

Vilka av mina prioriterade uppgifter denna vecka blev olösta och är aktuella att flytta över till nästa vecka?

Mina tankar efter veckan

Veckoöversikt vecka: _____ år: 20 _____

Min intention för veckan:

_____
_____
_____
_____

Mitt fokus för veckan:

_____
_____
_____
_____

Mina fem viktigaste prioriteringar:

1. _____
2. _____
3. _____
4. _____
5. _____

Veckans vanor. I veckan ska jag:

1. _____
För att: _____

_____

2. _____
För att: _____

_____

3. _____
För att: _____

_____

Mitt dagblad ___ / ___ / ___

Idag är jag tacksam för:

1. _____
2. _____
3. _____

Idag prioriterar jag:

1. _____
2. _____
3. _____

En sak som gjort mig glad idag:

_____
_____
_____

En lärdom jag tar med mig från idag:

_____
_____
_____

Hur har jag mått?

Idag har jag lyckats med mina vanor:

1. Ja / Nej
2. Ja / Nej
3. Ja / Nej

Idag var mitt humör:

Mitt dagblad ___/___/___

Idag är jag tacksam för:

1. _____
2. _____
3. _____

Idag prioriterar jag:

1. _____
2. _____
3. _____

En sak som gjort mig glad idag:

_____
_____
_____

En lärdom jag tar med mig från idag:

_____
_____
_____

Hur har jag mått?

Idag har jag lyckats med mina vanor:

1. Ja / Nej
2. Ja / Nej
3. Ja / Nej

Idag var mitt humör:

Mitt dagblad ____ / ____ / ____

Idag är jag tacksam för:

1. _____
2. _____
3. _____

Idag prioriterar jag:

1. _____
2. _____
3. _____

En sak som gjort mig glad idag:

_____
_____
_____

En lärdom jag tar med mig från idag:

_____
_____
_____

Hur har jag mått?

Idag har jag lyckats med mina vanor:

1. Ja / Nej
2. Ja / Nej
3. Ja / Nej

Idag var mitt humör:

Mitt dagblad ___ / ___ / ___

Idag är jag tacksam för:

1. _____

2. _____

3. _____

Idag prioriterar jag:

1. _____

2. _____

3. _____

En sak som gjort mig glad idag:

_____

_____

En lärdom jag tar med mig från idag:

_____

_____

Hur har jag mått?   Idag har jag lyckats med
                                     mina vanor:

    1. Ja / Nej

    2. Ja / Nej

    3. Ja / Nej

Idag var mitt humör:

Mitt dagblad ___/___/___

Idag är jag tacksam för:

1. _____
2. _____
3. _____

Idag prioriterar jag:

1. _____
2. _____
3. _____

En sak som gjort mig glad idag:

_____
_____
_____

En lärdom jag tar med mig från idag:

_____
_____
_____

Hur har jag mått?

Idag har jag lyckats med mina vanor:

1. Ja / Nej
2. Ja / Nej
3. Ja / Nej

Idag var mitt humör:

Mitt dagblad ___/___/___

Idag är jag tacksam för:

1. _____
2. _____
3. _____

Idag prioriterar jag:

1. _____
2. _____
3. _____

En sak som gjort mig glad idag:

_____
_____
_____

En lärdom jag tar med mig från idag:

_____
_____
_____

Hur har jag mått?

👍 👎

Idag har jag lyckats med mina vanor:

1. Ja / Nej
2. Ja / Nej
3. Ja / Nej

Idag var mitt humör:

Mitt dagblad ___/___/___

Idag är jag tacksam för:

1. _____
2. _____
3. _____

Idag prioriterar jag:

1. _____
2. _____
3. _____

En sak som gjort mig glad idag:

_____
_____
_____

En lärdom jag tar med mig från idag:

_____
_____
_____

Hur har jag mått?

Idag har jag lyckats med mina vanor:

1. Ja / Nej
2. Ja / Nej
3. Ja / Nej

Idag var mitt humör:

😊 😌 😐 🙁 😰 😨 😍 😖 🤩 😎 😏 😕 😮 👿 😇

Min veckosammanfattning

Vilka saker blev som jag tänkt mig denna vecka?

Vilka saker kan jag göra annorlunda en annan gång?

Hur har jag mest mått denna vecka?

Hur har mitt humör mestadels varit denna vecka?

Så här lyckades jag med mina vanor den här veckan:

☐ ⭐☆☆ ⭐⭐☆ ⭐⭐⭐

Min veckosammanfattning fortsättning

Vad har jag kunnat påverka i veckan?

Vad lärde jag mig av det?

Vad har jag _inte_ kunnat påverka i veckan?

Hur väljer jag att hantera det?

o Älta	o Deppa	o Acceptera
o Släppa	o Ignorera	o Skoja bort
o Lära av	o Sura	o Perspektiv

Annat:

Vilka av mina prioriterade uppgifter denna vecka blev
olösta och är aktuella att flytta över till nästa vecka?

Mina tankar efter veckan

Veckoöversikt vecka: _____ år: 20 _____

Min intention för veckan:

_____
_____
_____
_____

Mitt fokus för veckan:

_____
_____
_____
_____

Mina fem viktigaste prioriteringar:
1. _____
2. _____
3. _____
4. _____
5. _____

Veckans vanor. I veckan ska jag:
1. _____
För att: _____

2. _____
För att: _____

3. _____
För att: _____

Mitt dagblad ___ / ___ / ___

Idag är jag tacksam för:

1. _____
2. _____
3. _____

Idag prioriterar jag:

1. _____
2. _____
3. _____

En sak som gjort mig glad idag:

_____
_____
_____

En lärdom jag tar med mig från idag:

_____
_____
_____

Hur har jag mått?

Idag har jag lyckats med mina vanor:

1. Ja / Nej
2. Ja / Nej
3. Ja / Nej

Idag var mitt humör:

Mitt dagblad ___/___/___

Idag är jag tacksam för:

1.
2.
3.

Idag prioriterar jag:

1.
2.
3.

En sak som gjort mig glad idag:

En lärdom jag tar med mig från idag:

Hur har jag mått?

Idag har jag lyckats med mina vanor:

1. Ja / Nej
2. Ja / Nej
3. Ja / Nej

Idag var mitt humör:

😃 😊 😐 🙁 😭 😰 😍 😖 🤩 😎 😌 😳 😮 😈 😇

Mitt dagblad ___/___/___

Idag är jag tacksam för:

1. _____
2. _____
3. _____

Idag prioriterar jag:

1. _____
2. _____
3. _____

En sak som gjort mig glad idag:

_____
_____
_____

En lärdom jag tar med mig från idag:

_____
_____

Hur har jag mått?

Idag har jag lyckats med mina vanor:

1. Ja / Nej
2. Ja / Nej
3. Ja / Nej

Idag var mitt humör:

97

Mitt dagblad _____ / _____ / _____

Idag är jag tacksam för:

1. _____
2. _____
3. _____

Idag prioriterar jag:

1. _____
2. _____
3. _____

En sak som gjort mig glad idag:

_____
_____
_____

En lärdom jag tar med mig från idag:

_____
_____
_____

Hur har jag mått?

Idag har jag lyckats med mina vanor:

1. Ja / Nej
2. Ja / Nej
3. Ja / Nej

Idag var mitt humör:

98

Mitt dagblad _____ / _____ / _____

Idag är jag tacksam för:

1.
2.
3.

Idag prioriterar jag:

1.
2.
3.

En sak som gjort mig glad idag:

En lärdom jag tar med mig från idag:

Hur har jag mått?

Idag har jag lyckats med mina vanor:

1. Ja / Nej
2. Ja / Nej
3. Ja / Nej

Idag var mitt humör:

Mitt dagblad ___ / ___ / ___

Idag är jag tacksam för:
1. _____
2. _____
3. _____

Idag prioriterar jag:
1. _____
2. _____
3. _____

En sak som gjort mig glad idag:
_____
_____
_____

En lärdom jag tar med mig från idag:
_____
_____
_____

Hur har jag mått?   Idag har jag lyckats med
                                 mina vanor:

👍   👎   1. Ja / Nej
                                 2. Ja / Nej
                                 3. Ja / Nej

Idag var mitt humör:

😃 😊 😐 😟 🤳 😧 😍 😖 🤩 😎 😌 😵 😮 😈 😇

Mitt dagblad _____ / _____ / _____

Idag är jag tacksam för:
1. _____
2. _____
3. _____

Idag prioriterar jag:
1. _____
2. _____
3. _____

En sak som gjort mig glad idag:
_____
_____
_____

En lärdom jag tar med mig från idag:
_____
_____

Hur har jag mått?

Idag har jag lyckats med mina vanor:

1. Ja / Nej
2. Ja / Nej
3. Ja / Nej

Idag var mitt humör:

Min veckosammanfattning

Vilka saker blev som jag tänkt mig denna vecka?

_____

_____

_____

Vilka saker kan jag göra annorlunda en annan gång?

_____

_____

_____

Hur har jag mest mått denna vecka? 👍 👎

Hur har mitt humör mestadels varit denna vecka?

😃 🙂 😐 🙁 😭 😣 😍 😖 🤩 😎 😌 🥴 😮 😈 😊

Så här lyckades jag med mina vanor den här veckan:

☒   ⭐☆☆   ⭐⭐☆   ⭐⭐⭐

Min veckosammanfattning fortsättning

Vad har jag kunnat påverka i veckan?

_____

_____

_____

Vad lärde jag mig av det?

_____

_____

_____

Vad har jag _inte_ kunnat påverka i veckan?

_____

_____

_____

Hur väljer jag att hantera det?

- o Älta
- o Släppa
- o Lära av

- o Deppa
- o Ignorera
- o Sura

- o Acceptera
- o Skoja bort
- o Perspektiv

Annat: _____

Vilka av mina prioriterade uppgifter denna vecka blev
olösta och är aktuella att flytta över till nästa vecka?

Mina tankar efter veckan

Veckoöversikt vecka: _____ år: 20 _____

Min intention för veckan:

_____
_____
_____
_____

Mitt fokus för veckan:

_____
_____
_____
_____

Mina fem viktigaste prioriteringar:
1. _____
2. _____
3. _____
4. _____
5. _____

Veckans vanor. I veckan ska jag:
1. _____
För att: _____
_____
2. _____
För att: _____
_____
3. _____
För att: _____
_____

Mitt dagblad ___ / ___ / ___

Idag är jag tacksam för:

1. _____
2. _____
3. _____

Idag prioriterar jag:

1. _____
2. _____
3. _____

En sak som gjort mig glad idag:

_____
_____
_____

En lärdom jag tar med mig från idag:

_____
_____
_____

Hur har jag mått?   Idag har jag lyckats med
                               mina vanor:

                               1. Ja / Nej
                               2. Ja / Nej
                               3. Ja / Nej

Idag var mitt humör:

Mitt dagblad ____/____/____

Idag är jag tacksam för:

1.
2.
3.

Idag prioriterar jag:

1.
2.
3.

En sak som gjort mig glad idag:

En lärdom jag tar med mig från idag:

Hur har jag mått?

Idag har jag lyckats med mina vanor:

1. Ja / Nej
2. Ja / Nej
3. Ja / Nej

Idag var mitt humör:

Mitt dagblad ___ / ___ / ___

Idag är jag tacksam för:

1. _____
2. _____
3. _____

Idag prioriterar jag:

1. _____
2. _____
3. _____

En sak som gjort mig glad idag:

_____
_____
_____

En lärdom jag tar med mig från idag:

_____
_____
_____

Hur har jag mått?

Idag har jag lyckats med mina vanor:

1. Ja / Nej
2. Ja / Nej
3. Ja / Nej

Idag var mitt humör:

Mitt dagblad ___ / ___ / ___

Idag är jag tacksam för:

1. _____

2. _____

3. _____

Idag prioriterar jag:

1. _____

2. _____

3. _____

En sak som gjort mig glad idag:

_____

_____

_____

En lärdom jag tar med mig från idag:

_____

_____

_____

Hur har jag mått?

Idag har jag lyckats med mina vanor:

1. Ja / Nej

2. Ja / Nej

3. Ja / Nej

Idag var mitt humör:

😀 😊 😐 🙁 😭 😒 🥰 😖 🤩 😎 😑 😟 😯 😈 😌

Mitt dagblad ___ / ___ / ___

Idag är jag tacksam för:

1. _____
2. _____
3. _____

Idag prioriterar jag:

1. _____
2. _____
3. _____

En sak som gjort mig glad idag:

_____
_____
_____

En lärdom jag tar med mig från idag:

_____
_____

Hur har jag mått?

Idag har jag lyckats med mina vanor:

1. Ja / Nej
2. Ja / Nej
3. Ja / Nej

Idag var mitt humör:

Mitt dagblad   /   /

Idag är jag tacksam för:
1.
2.
3.

Idag prioriterar jag:
1.
2.
3.

En sak som gjort mig glad idag:

En lärdom jag tar med mig från idag:

Hur har jag mått?

Idag har jag lyckats med
mina vanor:

1. Ja / Nej
2. Ja / Nej
3. Ja / Nej

Idag var mitt humör:

Mitt dagblad ___ / ___ / ___

Idag är jag tacksam för:

1.
2.
3.

Idag prioriterar jag:

1.
2.
3.

En sak som gjort mig glad idag:

En lärdom jag tar med mig från idag:

Hur har jag mått?

Idag har jag lyckats med mina vanor:

1. Ja / Nej
2. Ja / Nej
3. Ja / Nej

Idag var mitt humör:

Min veckosammanfattning

Vilka saker blev som jag tänkt mig denna vecka?

_____

_____

_____

Vilka saker kan jag göra annorlunda en annan gång?

_____

_____

_____

Hur har jag mest mått denna vecka?   👍   👎

Hur har mitt humör mestadels varit denna vecka?

😀 😊 😐 🙁 😭 😧 😍 😖 😵 😎 😑 😌 😮 😈 😊

Så här lyckades jag med mina vanor den här veckan:

☒   ★☆☆   ★★☆   ★★★

Min veckosammanfattning fortsättning

Vad har jag kunnat påverka i veckan?

_____

_____

Vad lärde jag mig av det?

_____

_____

_____

Vad har jag _inte_ kunnat påverka i veckan?

_____

_____

_____

Hur väljer jag att hantera det?

- o Älta
- o Släppa
- o Lära av

- o Deppa
- o Ignorera
- o Sura

- o Acceptera
- o Skoja bort
- o Perspektiv

Annat: _____

Vilka av mina prioriterade uppgifter denna vecka blev
olösta och är aktuella att flytta över till nästa vecka?

Mina tankar efter veckan

Veckoöversikt vecka:_____ år: 20____

Min intention för veckan:

_____
_____
_____
_____

Mitt fokus för veckan:

_____
_____
_____
_____

Mina fem viktigaste prioriteringar:

1._____
2._____
3._____
4._____
5._____

Veckans vanor. I veckan ska jag:

1._____
För att:_____

2._____
För att:_____

3._____
För att:_____

Mitt dagblad ___/___/___

Idag är jag tacksam för:

1. _____

2. _____

3. _____

Idag prioriterar jag:

1. _____

2. _____

3. _____

En sak som gjort mig glad idag:

_____

_____

_____

En lärdom jag tar med mig från idag:

_____

_____

_____

Hur har jag mått?	Idag har jag lyckats med mina vanor:
	1. Ja / Nej
	2. Ja / Nej
	3. Ja / Nej

Idag var mitt humör:

Mitt dagblad ___/___/___

Idag är jag tacksam för:

1. _____
2. _____
3. _____

Idag prioriterar jag:

1. _____
2. _____
3. _____

En sak som gjort mig glad idag:

_____
_____

En lärdom jag tar med mig från idag:

_____
_____

Hur har jag mått?

Idag har jag lyckats med mina vanor:

1. Ja / Nej
2. Ja / Nej
3. Ja / Nej

Idag var mitt humör:

😀 😊 😐 ☹️ 🤳 😟 😍 😝 🤪 😎 😌 😔 😮 😈 😇

Mitt dagblad ___ / ___ / ___

Idag är jag tacksam för:

1. _____
2. _____
3. _____

Idag prioriterar jag:

1. _____
2. _____
3. _____

En sak som gjort mig glad idag:

_____
_____
_____

En lärdom jag tar med mig från idag:

_____
_____
_____

Hur har jag mått?

Idag har jag lyckats med mina vanor:

1. Ja / Nej
2. Ja / Nej
3. Ja / Nej

Idag var mitt humör:

Mitt dagblad ___ / ___ / ___

Idag är jag tacksam för:

1. _____
2. _____
3. _____

Idag prioriterar jag:

1. _____
2. _____
3. _____

En sak som gjort mig glad idag:

_____
_____
_____

En lärdom jag tar med mig från idag:

_____
_____
_____

Hur har jag mått?

Idag har jag lyckats med mina vanor:

1. Ja / Nej
2. Ja / Nej
3. Ja / Nej

Idag var mitt humör:

😃 🙂 😐 🙁 🤕 😨 😍 😆 😵 😎 😊 😌 😲 😈 😇

Mitt dagblad ___ / ___ / ___

Idag är jag tacksam för:

1. _____
2. _____
3. _____

Idag prioriterar jag:

1. _____
2. _____
3. _____

En sak som gjort mig glad idag:

_____
_____
_____

En lärdom jag tar med mig från idag:

_____
_____
_____

Hur har jag mått?

Idag har jag lyckats med mina vanor:

1. Ja / Nej
2. Ja / Nej
3. Ja / Nej

Idag var mitt humör:

😀 🙂 😑 ☹️ 😭 😕 😍 😣 😵 😎 😌 😳 😮 😈 😇

Mitt dagblad   /   /

Idag är jag tacksam för:

1.
2.
3.

Idag prioriterar jag:

1.
2.
3.

En sak som gjort mig glad idag:

En lärdom jag tar med mig från idag:

Hur har jag mått?

Idag har jag lyckats med mina vanor:

1. Ja / Nej
2. Ja / Nej
3. Ja / Nej

Idag var mitt humör:

Mitt dagblad ___/___/___

Idag är jag tacksam för:

1. _____
2. _____
3. _____

Idag prioriterar jag:

1. _____
2. _____
3. _____

En sak som gjort mig glad idag:

_____
_____
_____

En lärdom jag tar med mig från idag:

_____
_____
_____

Hur har jag mått?   Idag har jag lyckats med
                         mina vanor:

                         1. Ja / Nej
                         2. Ja / Nej
                         3. Ja / Nej

Idag var mitt humör:

Min veckosammanfattning

Vilka saker blev som jag tänkt mig denna vecka?

_____

_____

_____

Vilka saker kan jag göra annorlunda en annan gång?

_____

_____

_____

Hur har jag mest mått denna vecka? 👍 👎

Hur har mitt humör mestadels varit denna vecka?

😃 😊 😐 🙁 😭 😤 😍 😖 🤩 😎 😋 🥴 😮 😈 😇

Så här lyckades jag med mina vanor den här veckan:

☒   ★☆☆   ★★☆   ★★★

Min veckosammanfattning fortsättning

Vad har jag kunnat påverka i veckan?

Vad lärde jag mig av det?

Vad har jag _inte_ kunnat påverka i veckan?

Hur väljer jag att hantera det?

- o Älta
- o Släppa
- o Lära av

- o Deppa
- o Ignorera
- o Sura

- o Acceptera
- o Skoja bort
- o Perspektiv

Annat:

Vilka av mina prioriterade uppgifter denna vecka blev olösta och är aktuella att flytta över till nästa vecka?

Mina tankar efter veckan

Veckoöversikt vecka: _____ år: 20 _____

Min intention för veckan:

_____
_____
_____
_____

Mitt fokus för veckan:

_____
_____
_____
_____

Mina fem viktigaste prioriteringar:
1. _____
2. _____
3. _____
4. _____
5. _____

Veckans vanor. I veckan ska jag:
1. _____
För att: _____

_____

2. _____
För att: _____

_____

3. _____
För att: _____

_____

Mitt dagblad ___ / ___ / ___

Idag är jag tacksam för:

1. _____
2. _____
3. _____

Idag prioriterar jag:

1. _____
2. _____
3. _____

En sak som gjort mig glad idag:

_____

_____

_____

En lärdom jag tar med mig från idag:

_____

_____

_____

Hur har jag mått?

Idag har jag lyckats med mina vanor:

1. Ja / Nej
2. Ja / Nej
3. Ja / Nej

Idag var mitt humör:

Mitt dagblad ___ / ___ / ___

Idag är jag tacksam för:

1. _____
2. _____
3. _____

Idag prioriterar jag:

1. _____
2. _____
3. _____

En sak som gjort mig glad idag:

_____
_____
_____

En lärdom jag tar med mig från idag:

_____
_____
_____

Hur har jag mått?

Idag har jag lyckats med mina vanor:

1. Ja / Nej
2. Ja / Nej
3. Ja / Nej

Idag var mitt humör:

Mitt dagblad   /   /

Idag är jag tacksam för:

1.
2.
3.

Idag prioriterar jag:

1.
2.
3.

En sak som gjort mig glad idag:

En lärdom jag tar med mig från idag:

Hur har jag mått?

Idag har jag lyckats med mina vanor:

1. Ja / Nej
2. Ja / Nej
3. Ja / Nej

Idag var mitt humör:

Mitt dagblad ___/___/___

Idag är jag tacksam för:

1. _____
2. _____
3. _____

Idag prioriterar jag:

1. _____
2. _____
3. _____

En sak som gjort mig glad idag:

_____
_____
_____

En lärdom jag tar med mig från idag:

_____
_____
_____

Hur har jag mått?

Idag har jag lyckats med mina vanor:

1. Ja / Nej
2. Ja / Nej
3. Ja / Nej

Idag var mitt humör:

Mitt dagblad ___/___/___

Idag är jag tacksam för:

1.
2.
3.

Idag prioriterar jag:

1.
2.
3.

En sak som gjort mig glad idag:

En lärdom jag tar med mig från idag:

Hur har jag mått?

Idag har jag lyckats med mina vanor:

1. Ja / Nej
2. Ja / Nej
3. Ja / Nej

Idag var mitt humör:

Mitt dagblad ___ / ___ / ___

Idag är jag tacksam för:

1.
2.
3.

Idag prioriterar jag:

1.
2.
3.

En sak som gjort mig glad idag:

En lärdom jag tar med mig från idag:

Hur har jag mått?

Idag har jag lyckats med mina vanor:

1. Ja / Nej
2. Ja / Nej
3. Ja / Nej

Idag var mitt humör:

Mitt dagblad ___ / ___ / ___

Idag är jag tacksam för:

1. _____
2. _____
3. _____

Idag prioriterar jag:

1. _____
2. _____
3. _____

En sak som gjort mig glad idag:

_____
_____
_____

En lärdom jag tar med mig från idag:

_____
_____
_____

Hur har jag mått?

Idag har jag lyckats med mina vanor:

1. Ja / Nej
2. Ja / Nej
3. Ja / Nej

Idag var mitt humör:

Min veckosammanfattning

Vilka saker blev som jag tänkt mig denna vecka?

_____

_____

_____

Vilka saker kan jag göra annorlunda en annan gång?

_____

_____

_____

Hur har jag mest mått denna vecka?   👍   👎

Hur har mitt humör mestadels varit denna vecka?

😃 🙂 😐 🙁 😭 😧 😊 😖 🤩 😎 😌 😵 😮 😈 😇

Så här lyckades jag med mina vanor den här veckan:

☒   ★☆☆   ★★☆   ★★★

Min veckosammanfattning fortsättning

Vad har jag kunnat påverka i veckan?

Vad lärde jag mig av det?

Vad har jag _inte_ kunnat påverka i veckan?

Hur väljer jag att hantera det?

- o Älta
- o Släppa
- o Lära av

- o Deppa
- o Ignorera
- o Sura

- o Acceptera
- o Skoja bort
- o Perspektiv

Annat:

Vilka av mina prioriterade uppgifter denna vecka blev olösta och är aktuella att flytta över till nästa vecka?

Mina tankar efter veckan

Veckoöversikt vecka:_____ år: 20_____

Min intention för veckan:

_____

_____

_____

_____

Mitt fokus för veckan:

_____

_____

_____

_____

Mina fem viktigaste prioriteringar:
1. _____
2. _____
3. _____
4. _____
5. _____

Veckans vanor. I veckan ska jag:
1. _____
För att: _____

_____

2. _____
För att: _____

_____

3. _____
För att: _____

_____

Mitt dagblad ___/___/___

Idag är jag tacksam för:

1. _____
2. _____
3. _____

Idag prioriterar jag:

1. _____
2. _____
3. _____

En sak som gjort mig glad idag:

_____
_____
_____

En lärdom jag tar med mig från idag:

_____
_____
_____

Hur har jag mått?

Idag har jag lyckats med mina vanor:

1. Ja / Nej
2. Ja / Nej
3. Ja / Nej

Idag var mitt humör:

Mitt dagblad ___ / ___ / ___

Idag är jag tacksam för:

1. _____
2. _____
3. _____

Idag prioriterar jag:

1. _____
2. _____
3. _____

En sak som gjort mig glad idag:

_____
_____
_____

En lärdom jag tar med mig från idag:

_____
_____
_____

Hur har jag mått?

Idag har jag lyckats med mina vanor:

1. Ja / Nej
2. Ja / Nej
3. Ja / Nej

Idag var mitt humör:

Mitt dagblad ___ / ___ / ___

Idag är jag tacksam för:

1. _____
2. _____
3. _____

Idag prioriterar jag:

1. _____
2. _____
3. _____

En sak som gjort mig glad idag:

_____

_____

_____

En lärdom jag tar med mig från idag:

_____

_____

_____

Hur har jag mått?

Idag har jag lyckats med mina vanor:

1. Ja / Nej
2. Ja / Nej
3. Ja / Nej

Idag var mitt humör:

Mitt dagblad ___ / ___ / ___

Idag är jag tacksam för:

1. _____
2. _____
3. _____

Idag prioriterar jag:

1. _____
2. _____
3. _____

En sak som gjort mig glad idag:

_____

_____

En lärdom jag tar med mig från idag:

_____

_____

Hur har jag mått?

Idag har jag lyckats med mina vanor:

1. Ja / Nej
2. Ja / Nej
3. Ja / Nej

Idag var mitt humör:

Mitt dagblad ___ / ___ / ___

Idag är jag tacksam för:

1.
2.
3.

Idag prioriterar jag:

1.
2.
3.

En sak som gjort mig glad idag:

En lärdom jag tar med mig från idag:

Hur har jag mått?

Idag har jag lyckats med mina vanor:

1. Ja / Nej
2. Ja / Nej
3. Ja / Nej

Idag var mitt humör:

Mitt dagblad ____ / ____ / ____

Idag är jag tacksam för:

1. _____
2. _____
3. _____

Idag prioriterar jag:

1. _____
2. _____
3. _____

En sak som gjort mig glad idag:

_____
_____
_____

En lärdom jag tar med mig från idag:

_____
_____
_____

Hur har jag mått?

Idag har jag lyckats med mina vanor:

1. Ja / Nej
2. Ja / Nej
3. Ja / Nej

Idag var mitt humör:

😃 🙂 😐 🙁 📷 😟 😍 >< 😖 😎 😑 😳 😲 😈 😊

Mitt dagblad ___/___/___

Idag är jag tacksam för:

1._____
2._____
3._____

Idag prioriterar jag:

1._____
2._____
3._____

En sak som gjort mig glad idag:

_____
_____
_____

En lärdom jag tar med mig från idag:

_____
_____
_____

Hur har jag mått?

Idag har jag lyckats med mina vanor:

1. Ja / Nej
2. Ja / Nej
3. Ja / Nej

Idag var mitt humör:

Min veckosammanfattning

Vilka saker blev som jag tänkt mig denna vecka?

Vilka saker kan jag göra annorlunda en annan gång?

Hur har jag mest mått denna vecka?   👍 👎

Hur har mitt humör mestadels varit denna vecka?

😃 😊 😐 ☹️ 😭 😣 😌 😖 🤩 😎 😅 😓 😮 😈 😊

Så här lyckades jag med mina vanor den här veckan:

☒   ★☆☆   ★★☆   ★★★

Min veckosammanfattning fortsättning

Vad har jag kunnat påverka i veckan?

Vad lärde jag mig av det?

Vad har jag _inte_ kunnat påverka i veckan?

Hur väljer jag att hantera det?

o Älta	o Deppa	o Acceptera
o Släppa	o Ignorera	o Skoja bort
o Lära av	o Sura	o Perspektiv

Annat sätt:

Vilka av mina prioriterade uppgifter denna vecka blev olösta och är aktuella att flytta över till nästa vecka?

Mina tankar efter veckan

Veckoöversikt vecka: _____ år: 20____

Min intention för veckan:

Mitt fokus för veckan:

Mina fem viktigaste prioriteringar:
1.
2.
3.
4.
5.

Veckans vanor. I veckan ska jag:
1.
För att:

2.
För att:

3.
För att:

Mitt dagblad _____ / _____ / _____

Idag är jag tacksam för:

1. _____
2. _____
3. _____

Idag prioriterar jag:

1. _____
2. _____
3. _____

En sak som gjort mig glad idag:

_____

_____

_____

En lärdom jag tar med mig från idag:

_____

_____

_____

Hur har jag mått?

Idag har jag lyckats med mina vanor:

1. Ja / Nej
2. Ja / Nej
3. Ja / Nej

Idag var mitt humör:

Mitt dagblad ___ / ___ / ___

Idag är jag tacksam för:

1. _____
2. _____
3. _____

Idag prioriterar jag:

1. _____
2. _____
3. _____

En sak som gjort mig glad idag:

_____
_____
_____

En lärdom jag tar med mig från idag:

_____
_____
_____

Hur har jag mått?

Idag har jag lyckats med mina vanor:

1. Ja / Nej
2. Ja / Nej
3. Ja / Nej

Idag var mitt humör:

Mitt dagblad ___ / ___ / ___

Idag är jag tacksam för:

1. _____

2. _____

3. _____

Idag prioriterar jag:

1. _____

2. _____

3. _____

En sak som gjort mig glad idag:

_____

_____

_____

En lärdom jag tar med mig från idag:

_____

_____

_____

Hur har jag mått?

Idag har jag lyckats med mina vanor:

1. Ja / Nej
2. Ja / Nej
3. Ja / Nej

Idag var mitt humör:

😀 😊 😐 😟 😭 😒 😍 😖 😵 😎 😌 😣 😳 😈 😇

Mitt dagblad _____ / _____ / _____

Idag är jag tacksam för:

1. _____
2. _____
3. _____

Idag prioriterar jag:

1. _____
2. _____
3. _____

En sak som gjort mig glad idag:

_____
_____
_____

En lärdom jag tar med mig från idag:

_____
_____
_____

Hur har jag mått?

Idag har jag lyckats med mina vanor:

1. Ja / Nej
2. Ja / Nej
3. Ja / Nej

Idag var mitt humör:

Mitt dagblad ___ / ___ / ___

Idag är jag tacksam för:

1. _____

2. _____

3. _____

Idag prioriterar jag:

1. _____

2. _____

3. _____

En sak som gjort mig glad idag:

_____

_____

_____

En lärdom jag tar med mig från idag:

_____

_____

_____

Hur har jag mått?

Idag har jag lyckats med mina vanor:

1. Ja / Nej

2. Ja / Nej

3. Ja / Nej

Idag var mitt humör:

😀 🙂 😐 ☹️ 😭 😣 😍 😖 🤩 😎 😋 😌 😲 😈 😊

Mitt dagblad ___ / ___ / ___

Idag är jag tacksam för:

1.
2.
3.

Idag prioriterar jag:

1.
2.
3.

En sak som gjort mig glad idag:

En lärdom jag tar med mig från idag:

Hur har jag mått?

Idag har jag lyckats med mina vanor:

1. Ja / Nej
2. Ja / Nej
3. Ja / Nej

Idag var mitt humör:

Mitt dagblad _____ / _____ / _____

Idag är jag tacksam för:

1. _____
2. _____
3. _____

Idag prioriterar jag:

1. _____
2. _____
3. _____

En sak som gjort mig glad idag:

_____

_____

_____

En lärdom jag tar med mig från idag:

_____

_____

_____

Hur har jag mått?

Idag har jag lyckats med mina vanor:

1. Ja / Nej
2. Ja / Nej
3. Ja / Nej

Idag var mitt humör:

Min veckosammanfattning

Vilka saker blev som jag tänkt mig denna vecka?

_____

_____

_____

Vilka saker kan jag göra annorlunda en annan gång?

_____

_____

_____

Hur har jag mest mått denna vecka? 👍 👎

Hur har mitt humör mestadels varit denna vecka?

😀 🙂 😐 🙁 😭 😩 🥰 😖 🤩 😎 😑 😳 😮 😈 😇

Så här lyckades jag med mina vanor den här veckan:

☒   ★☆☆   ★★☆   ★★★

Min veckosammanfattning fortsättning

Vad har jag kunnat påverka i veckan?

_____

_____

Vad lärde jag mig av det?

_____

_____

_____

Vad har jag _inte_ kunnat påverka i veckan?

_____

_____

Hur väljer jag att hantera det?

o Älta	o Deppa	o Acceptera
o Släppa	o Ignorera	o Skoja bort
o Lära av	o Sura	o Perspektiv

Annat sätt: _____

Vilka av mina prioriterade uppgifter denna vecka blev olösta och är aktuella att flytta över till nästa vecka?

Mina tankar efter veckan

Veckoöversikt vecka: _____ år: 20_____

Min intention för veckan:
_____
_____
_____
_____

Mitt fokus för veckan:
_____
_____
_____
_____

Mina fem viktigaste prioriteringar:
1. _____
2. _____
3. _____
4. _____
5. _____

Veckans vanor. I veckan ska jag:
1. _____
För att: _____
_____

2. _____
För att: _____
_____

3. _____
För att: _____
_____

Mitt dagblad ___ / ___ / ___

Idag är jag tacksam för:

1. _____
2. _____
3. _____

Idag prioriterar jag:

1. _____
2. _____
3. _____

En sak som gjort mig glad idag:

_____
_____
_____

En lärdom jag tar med mig från idag:

_____
_____
_____

Hur har jag mått?

Idag har jag lyckats med mina vanor:

1. Ja / Nej
2. Ja / Nej
3. Ja / Nej

Idag var mitt humör:

Mitt dagblad _____ / _____ / _____

Idag är jag tacksam för:

1. _____
2. _____
3. _____

Idag prioriterar jag:

1. _____
2. _____
3. _____

En sak som gjort mig glad idag:

_____

_____

_____

En lärdom jag tar med mig från idag:

_____

_____

_____

Hur har jag mått?

Idag har jag lyckats med mina vanor:

1. Ja / Nej
2. Ja / Nej
3. Ja / Nej

Idag var mitt humör:

Mitt dagblad ___/___/___

Idag är jag tacksam för:

1. _____
2. _____
3. _____

Idag prioriterar jag:

1. _____
2. _____
3. _____

En sak som gjort mig glad idag:

_____
_____
_____

En lärdom jag tar med mig från idag:

_____
_____
_____

Hur har jag mått?

Idag har jag lyckats med mina vanor:

1. Ja / Nej
2. Ja / Nej
3. Ja / Nej

Idag var mitt humör:

169

Mitt dagblad ___ / ___ / ___

Idag är jag tacksam för:

1. _____
2. _____
3. _____

Idag prioriterar jag:

1. _____
2. _____
3. _____

En sak som gjort mig glad idag:

_____
_____
_____

En lärdom jag tar med mig från idag:

_____
_____
_____

Hur har jag mått?

Idag har jag lyckats med mina vanor:

1. Ja / Nej
2. Ja / Nej
3. Ja / Nej

Idag var mitt humör:

Mitt dagblad ___ / ___ / ___

Idag är jag tacksam för:

1. _____
2. _____
3. _____

Idag prioriterar jag:

1. _____
2. _____
3. _____

En sak som gjort mig glad idag:

_____

_____

_____

En lärdom jag tar med mig från idag:

_____

_____

_____

Hur har jag mått?

Idag har jag lyckats med mina vanor:

1. Ja / Nej
2. Ja / Nej
3. Ja / Nej

Idag var mitt humör:

Mitt dagblad   /   /

Idag är jag tacksam för:

1.
2.
3.

Idag prioriterar jag:

1.
2.
3.

En sak som gjort mig glad idag:

En lärdom jag tar med mig från idag:

Hur har jag mått?

Idag har jag lyckats med mina vanor:

1. Ja / Nej
2. Ja / Nej
3. Ja / Nej

Idag var mitt humör:

Mitt dagblad ___ / ___ / ___

Idag är jag tacksam för:

1. _____
2. _____
3. _____

Idag prioriterar jag:

1. _____
2. _____
3. _____

En sak som gjort mig glad idag:

_____
_____
_____

En lärdom jag tar med mig från idag:

_____
_____
_____

Hur har jag mått?

Idag har jag lyckats med mina vanor:

1. Ja / Nej
2. Ja / Nej
3. Ja / Nej

Idag var mitt humör:

😀 🙂 😐 🙁 😭 😟 😍 😣 🤩 😎 😌 😕 😲 😈 😇

Min veckosammanfattning

Vilka saker blev som jag tänkt mig denna vecka?

Vilka saker kan jag göra annorlunda en annan gång?

Hur har jag mest mått denna vecka? 👍 👎

Hur har mitt humör mestadels varit denna vecka?

😃 🙂 😐 🙁 😭 😣 😍 😝 🤩 😎 😌 😌 😮 😈 😇

Så här lyckades jag med mina vanor den här veckan:

☒   ★☆☆   ★★☆   ★★★

Min veckosammanfattning fortsättning

Vad har jag kunnat påverka i veckan?

_____

_____

_____

Vad lärde jag mig av det?

_____

_____

_____

Vad har jag _inte_ kunnat påverka i veckan?

_____

_____

_____

Hur väljer jag att hantera det?

- o   Älta
- o   Släppa
- o   Lära av

- o   Deppa
- o   Ignorera
- o   Sura

- o   Acceptera
- o   Skoja bort
- o   Perspektiv

Annat sätt: _____

Vilka av mina prioriterade uppgifter denna vecka blev
olösta och är aktuella att flytta över till nästa vecka?

Mina tankar efter veckan

Veckoöversikt vecka: _____ år: 20 _____

Min intention för veckan:

_____
_____
_____
_____

Mitt fokus för veckan:

_____
_____
_____
_____

Mina fem viktigaste prioriteringar:

1. _____
2. _____
3. _____
4. _____
5. _____

Veckans vanor. I veckan ska jag:

1. _____
För att: _____

2. _____
För att: _____

3. _____
För att: _____

Mitt dagblad ___/___/___

Idag är jag tacksam för:

1. _____
2. _____
3. _____

Idag prioriterar jag:

1. _____
2. _____
3. _____

En sak som gjort mig glad idag:

_____
_____
_____

En lärdom jag tar med mig från idag:

_____
_____
_____

Hur har jag mått?

Idag har jag lyckats med mina vanor:

1. Ja / Nej
2. Ja / Nej
3. Ja / Nej

Idag var mitt humör:

Mitt dagblad ___ / ___ / ___

Idag är jag tacksam för:

1. _____

2. _____

3. _____

Idag prioriterar jag:

1. _____

2. _____

3. _____

En sak som gjort mig glad idag:

_____

_____

_____

En lärdom jag tar med mig från idag:

_____

_____

_____

Hur har jag mått?

Idag har jag lyckats med mina vanor:

1. Ja / Nej

2. Ja / Nej

3. Ja / Nej

Idag var mitt humör:

😃 😊 😐 🙁 🤳 😟 😍 😖 🤕 😎 😏 😳 😮 😈 😇

Mitt dagblad ___/___/___

Idag är jag tacksam för:

1._____

2._____

3._____

Idag prioriterar jag:

1._____

2._____

3._____

En sak som gjort mig glad idag:

_____

_____

_____

En lärdom jag tar med mig från idag:

_____

_____

_____

Hur har jag mått?

Idag har jag lyckats med mina vanor:

1. Ja / Nej

2. Ja / Nej

3. Ja / Nej

Idag var mitt humör:

😃 😊 😐 😟 😭 😕 😍 😖 😵 😎 😋 😅 😳 😈 😇

Mitt dagblad ___/___/___

Idag är jag tacksam för:

1. _____
2. _____
3. _____

Idag prioriterar jag:

1. _____
2. _____
3. _____

En sak som gjort mig glad idag:

_____
_____

En lärdom jag tar med mig från idag:

_____
_____

Hur har jag mått?

Idag har jag lyckats med mina vanor:

1. Ja / Nej
2. Ja / Nej
3. Ja / Nej

Idag var mitt humör:

182

Mitt dagblad ___/___/___

Idag är jag tacksam för:

1. _____
2. _____
3. _____

Idag prioriterar jag:

1. _____
2. _____
3. _____

En sak som gjort mig glad idag:

_____
_____
_____

En lärdom jag tar med mig från idag:

_____
_____
_____

Hur har jag mått?   Idag har jag lyckats med
                               mina vanor:

                               1. Ja / Nej
                               2. Ja / Nej
                               3. Ja / Nej

Idag var mitt humör:

Mitt dagblad ___ / ___ / ___

Idag är jag tacksam för:

1. _____
2. _____
3. _____

Idag prioriterar jag:

1. _____
2. _____
3. _____

En sak som gjort mig glad idag:

_____
_____
_____

En lärdom jag tar med mig från idag:

_____
_____
_____

Hur har jag mått?

Idag har jag lyckats med mina vanor:

1. Ja / Nej
2. Ja / Nej
3. Ja / Nej

Idag var mitt humör:

Mitt dagblad ___ / ___ / ___

Idag är jag tacksam för:

1. _____
2. _____
3. _____

Idag prioriterar jag:

1. _____
2. _____
3. _____

En sak som gjort mig glad idag:

_____
_____
_____

En lärdom jag tar med mig från idag:

_____
_____
_____

Hur har jag mått?

Idag har jag lyckats med mina vanor:

1. Ja / Nej
2. Ja / Nej
3. Ja / Nej

Idag var mitt humör:

Min veckosammanfattning

Vilka saker blev som jag tänkt mig denna vecka?

Vilka saker kan jag göra annorlunda en annan gång?

Hur har jag mest mått denna vecka? 👍 👎

Hur har mitt humör mestadels varit denna vecka?

😀 🙂 😐 🙁 🥹 😖 😍 😣 🤩 😎 😏 😊 😮 😈 😇

Så här lyckades jag med mina vanor den här veckan:

☒   ★☆☆   ★★☆   ★★★

Min veckosammanfattning fortsättning

Vad har jag kunnat påverka i veckan?

Vad lärde jag mig av det?

Vad har jag _inte_ kunnat påverka i veckan?

Hur väljer jag att hantera det?

- o Älta
- o Släppa
- o Lära av

- o Deppa
- o Ignorera
- o Sura

- o Acceptera
- o Skoja bort
- o Perspektiv

Annat sätt:

Vilka av mina prioriterade uppgifter denna vecka blev olösta och är aktuella att flytta över till nästa vecka?

Mina tankar efter veckan

Veckoöversikt vecka: _____ år: 20 _____

Min intention för veckan:

_____
_____
_____
_____

Mitt fokus för veckan:

_____
_____
_____
_____

Mina fem viktigaste prioriteringar:
1. _____
2. _____
3. _____
4. _____
5. _____

Veckans vanor. I veckan ska jag:
1. _____
För att: _____
_____

2. _____
För att: _____
_____

3. _____
För att: _____
_____

Mitt dagblad ___ / ___ / ___

Idag är jag tacksam för:

1. _____
2. _____
3. _____

Idag prioriterar jag:

1. _____
2. _____
3. _____

En sak som gjort mig glad idag:

_____
_____
_____

En lärdom jag tar med mig från idag:

_____
_____
_____

Hur har jag mått?   Idag har jag lyckats med
                           mina vanor:

                           1. Ja / Nej
                           2. Ja / Nej
                           3. Ja / Nej

Idag var mitt humör:

😃 😊 😐 🙁 🤕 😨 😍 😖 🤩 😎 😌 😬 😲 😈 😊

Mitt dagblad ___ / ___ / ___

Idag är jag tacksam för:

1. _____
2. _____
3. _____

Idag prioriterar jag:

1. _____
2. _____
3. _____

En sak som gjort mig glad idag:

_____

_____

_____

En lärdom jag tar med mig från idag:

_____

_____

_____

Hur har jag mått?

Idag har jag lyckats med mina vanor:

1. Ja / Nej
2. Ja / Nej
3. Ja / Nej

Idag var mitt humör:

😀 😊 😐 ☹️ 🤭 😨 😍 😖 🤩 😎 😌 😷 😮 😈 😊

Mitt dagblad ___/___/___

Idag är jag tacksam för:

1. _____
2. _____
3. _____

Idag prioriterar jag:

1. _____
2. _____
3. _____

En sak som gjort mig glad idag:

_____
_____
_____

En lärdom jag tar med mig från idag:

_____
_____
_____

Hur har jag mått?

Idag har jag lyckats med mina vanor:

1. Ja / Nej
2. Ja / Nej
3. Ja / Nej

Idag var mitt humör:

Mitt dagblad ___ / ___ / ___

Idag är jag tacksam för:

1. _____
2. _____
3. _____

Idag prioriterar jag:

1. _____
2. _____
3. _____

En sak som gjort mig glad idag:

_____
_____

En lärdom jag tar med mig från idag:

_____
_____

Hur har jag mått?   Idag har jag lyckats med
                             mina vanor:

1. Ja / Nej
2. Ja / Nej
3. Ja / Nej

Idag var mitt humör:

😃 😊 😣 😟 😭 😧 🥰 😖 🤩 😎 😐 😳 😮 😈 😊

Mitt dagblad ___/___/___

Idag är jag tacksam för:

1.
2.
3.

Idag prioriterar jag:

1.
2.
3.

En sak som gjort mig glad idag:

En lärdom jag tar med mig från idag:

Hur har jag mått?

Idag har jag lyckats med mina vanor:

1. Ja / Nej
2. Ja / Nej
3. Ja / Nej

Idag var mitt humör:

Mitt dagblad ___/___/___

Idag är jag tacksam för:

1. _____

2. _____

3. _____

Idag prioriterar jag:

1. _____

2. _____

3. _____

En sak som gjort mig glad idag:

_____

_____

_____

En lärdom jag tar med mig från idag:

_____

_____

_____

Hur har jag mått?

Idag har jag lyckats med mina vanor:

1. Ja / Nej
2. Ja / Nej
3. Ja / Nej

Idag var mitt humör:

😀 🙂 😐 🙁 😭 😰 😍 😖 🤩 😎 😊 😳 😲 😈 😌

Mitt dagblad ___ / ___ / ___

Idag är jag tacksam för:

1.
2.
3.

Idag prioriterar jag:

1.
2.
3.

En sak som gjort mig glad idag:

En lärdom jag tar med mig från idag:

Hur har jag mått?

Idag har jag lyckats med mina vanor:

1. Ja / Nej
2. Ja / Nej
3. Ja / Nej

Idag var mitt humör:

Min veckosammanfattning

Vilka saker blev som jag tänkt mig denna vecka?

_____

_____

_____

Vilka saker kan jag göra annorlunda en annan gång?

_____

_____

_____

Hur har jag mest mått denna vecka? 👍 👎

Hur har mitt humör mestadels varit denna vecka?

😃 😊 😐 🙁 😫 😖 😍 😣 😵 😎 😌 😳 😮 😈 😊

Så här lyckades jag med mina vanor den här veckan:

☒   ★☆☆   ★★☆   ★★★

Min veckosammanfattning fortsättning

Vad har jag kunnat påverka i veckan?

Vad lärde jag mig av det?

Vad har jag __inte__ kunnat påverka i veckan?

Hur väljer jag att hantera det?

- o Älta
- o Släppa
- o Lära av

- o Deppa
- o Ignorera
- o Sura

- o Acceptera
- o Skoja bort
- o Perspektiv

Annat sätt:

Vilka av mina prioriterade uppgifter denna vecka blev olösta och är aktuella att flytta över till nästa vecka?

Mina tankar efter veckan

Veckoöversikt vecka: _____ år: 20 _____

Min intention för veckan:

_____
_____
_____
_____

Mitt fokus för veckan:

_____
_____
_____
_____

Mina fem viktigaste prioriteringar:

1. _____
2. _____
3. _____
4. _____
5. _____

Veckans vanor. I veckan ska jag:

1. _____
För att: _____

2. _____
För att: _____

3. _____
För att: _____

Mitt dagblad ___ / ___ / ___

Idag är jag tacksam för:

1. _____
2. _____
3. _____

Idag prioriterar jag:

1. _____
2. _____
3. _____

En sak som gjort mig glad idag:

_____
_____
_____

En lärdom jag tar med mig från idag:

_____
_____
_____

Hur har jag mått?

Idag har jag lyckats med mina vanor:

1. Ja / Nej
2. Ja / Nej
3. Ja / Nej

Idag var mitt humör:

Mitt dagblad _____ / _____ / _____

Idag är jag tacksam för:

1. _____
2. _____
3. _____

Idag prioriterar jag:

1. _____
2. _____
3. _____

En sak som gjort mig glad idag:

_____
_____
_____

En lärdom jag tar med mig från idag:

_____
_____
_____

Hur har jag mått?

Idag har jag lyckats med mina vanor:

1. Ja / Nej
2. Ja / Nej
3. Ja / Nej

Idag var mitt humör:

😀 🙂 😐 🙁 😭 😨 😍 😖 🤩 😎 😏 😳 😮 😈 😇

204

Mitt dagblad ___ / ___ / ___

Idag är jag tacksam för:

1. _____
2. _____
3. _____

Idag prioriterar jag:

1. _____
2. _____
3. _____

En sak som gjort mig glad idag:

_____
_____
_____

En lärdom jag tar med mig från idag:

_____
_____
_____

Hur har jag mått?   Idag har jag lyckats med
                           mina vanor:

👍 👎   1. Ja / Nej
                           2. Ja / Nej
                           3. Ja / Nej

Idag var mitt humör:

😀 😐 😕 😟 😭 😨 😍 😖 😵 😎 🙂 😳 😲 😈 😊

Mitt dagblad ___ / ___ / ___

Idag är jag tacksam för:

1. _____
2. _____
3. _____

Idag prioriterar jag:

1. _____
2. _____
3. _____

En sak som gjort mig glad idag:

_____
_____

En lärdom jag tar med mig från idag:

_____
_____

Hur har jag mått?

Idag har jag lyckats med mina vanor:

1. Ja / Nej
2. Ja / Nej
3. Ja / Nej

Idag var mitt humör:

Mitt dagblad ___/___/___

Idag är jag tacksam för:

1. _____
2. _____
3. _____

Idag prioriterar jag:

1. _____
2. _____
3. _____

En sak som gjort mig glad idag:

_____

_____

_____

En lärdom jag tar med mig från idag:

_____

_____

_____

Hur har jag mått?   Idag har jag lyckats med
                      mina vanor:

                      1. Ja / Nej
                      2. Ja / Nej
                      3. Ja / Nej

Idag var mitt humör:

😀 🙂 😐 ☹️ 🤐 😨 😍 😣 😵 😎 😌 😊 😲 😈 😊

Mitt dagblad ___/___/___

Idag är jag tacksam för:

1.
2.
3.

Idag prioriterar jag:

1.
2.
3.

En sak som gjort mig glad idag:

En lärdom jag tar med mig från idag:

Hur har jag mått?

Idag har jag lyckats med mina vanor:

1. Ja / Nej
2. Ja / Nej
3. Ja / Nej

Idag var mitt humör:

😃 🙂 😐 🙁 🤳 😟 😍 😖 🤩 😎 😅 😳 😯 😈 😇

Mitt dagblad ___ / ___ / ___

Idag är jag tacksam för:

1. _____
2. _____
3. _____

Idag prioriterar jag:

1. _____
2. _____
3. _____

En sak som gjort mig glad idag:

_____
_____
_____

En lärdom jag tar med mig från idag:

_____
_____
_____

Hur har jag mått?

Idag har jag lyckats med mina vanor:

1. Ja / Nej
2. Ja / Nej
3. Ja / Nej

Idag var mitt humör:

Min veckosammanfattning

Vilka saker blev som jag tänkt mig denna vecka?

_____

_____

_____

Vilka saker kan jag göra annorlunda en annan gång?

_____

_____

_____

Hur har jag mest mått denna vecka? 👍 👎

Hur har mitt humör mestadels varit denna vecka?

😃 🙂 😐 🙁 😭 😧 😍 😣 😵 😎 😌 😌 😮 😈 😇

Så här lyckades jag med mina vanor den här veckan:

☒   ★☆☆   ★★☆   ★★★

Min veckosammanfattning fortsättning

Vad har jag kunnat påverka i veckan?

_____

_____

_____

Vad lärde jag mig av det?

_____

_____

_____

Vad har jag <u>inte</u> kunnat påverka i veckan?

_____

_____

_____

Hur väljer jag att hantera det?

- o Älta
- o Släppa
- o Lära av

- o Deppa
- o Ignorera
- o Sura

- o Acceptera
- o Skoja bort
- o Perspektiv

Annat sätt: _____

Vilka av mina prioriterade uppgifter denna vecka blev
olösta och är aktuella att flytta över till nästa vecka?

Mina tankar efter veckan

Veckoöversikt vecka: _____ år: 20 _____

Min intention för veckan:
_____
_____
_____
_____

Mitt fokus för veckan:
_____
_____
_____
_____

Mina fem viktigaste prioriteringar:
1. _____
2. _____
3. _____
4. _____
5. _____

Veckans vanor. I veckan ska jag:
1. _____
För att: _____

2. _____
För att: _____

3. _____
För att: _____

Mitt dagblad ___ / ___ / ___

Idag är jag tacksam för:

1. _____
2. _____
3. _____

Idag prioriterar jag:

1. _____
2. _____
3. _____

En sak som gjort mig glad idag:

_____
_____
_____

En lärdom jag tar med mig från idag:

_____
_____
_____

Hur har jag mått?   Idag har jag lyckats med
                           mina vanor:

                           1. Ja / Nej
                           2. Ja / Nej
                           3. Ja / Nej

Idag var mitt humör:

Mitt dagblad ___ / ___ / ___

Idag är jag tacksam för:

1. _____

2. _____

3. _____

Idag prioriterar jag:

1. _____

2. _____

3. _____

En sak som gjort mig glad idag:

_____

_____

_____

En lärdom jag tar med mig från idag:

_____

_____

_____

Hur har jag mått?

Idag har jag lyckats med mina vanor:

1. Ja / Nej

2. Ja / Nej

3. Ja / Nej

Idag var mitt humör:

Mitt dagblad ___ / ___ / ___

Idag är jag tacksam för:

1. _____
2. _____
3. _____

Idag prioriterar jag:

1. _____
2. _____
3. _____

En sak som gjort mig glad idag:

_____

_____

_____

En lärdom jag tar med mig från idag:

_____

_____

Hur har jag mått?

Idag har jag lyckats med
mina vanor:

1. Ja / Nej
2. Ja / Nej
3. Ja / Nej

Idag var mitt humör:

Mitt dagblad _____ / _____ / _____

Idag är jag tacksam för:

1. _____
2. _____
3. _____

Idag prioriterar jag:

1. _____
2. _____
3. _____

En sak som gjort mig glad idag:

_____
_____
_____

En lärdom jag tar med mig från idag:

_____
_____
_____

Hur har jag mått?

Idag har jag lyckats med mina vanor:

1. Ja / Nej
2. Ja / Nej
3. Ja / Nej

Idag var mitt humör:

Mitt dagblad ___ / ___ / ___

Idag är jag tacksam för:

1. _____
2. _____
3. _____

Idag prioriterar jag:

1. _____
2. _____
3. _____

En sak som gjort mig glad idag:

_____
_____
_____

En lärdom jag tar med mig från idag:

_____
_____
_____

Hur har jag mått?   Idag har jag lyckats med
                                     mina vanor:

                                     1. Ja / Nej
                                     2. Ja / Nej
                                     3. Ja / Nej

Idag var mitt humör:

😀 😊 😐 ☹️ 😭 😕 😍 😖 🤩 😎 😌 😊 😮 😈 😇

Mitt dagblad _____ / _____ / _____

Idag är jag tacksam för:

1. _____
2. _____
3. _____

Idag prioriterar jag:

1. _____
2. _____
3. _____

En sak som gjort mig glad idag:

_____
_____
_____

En lärdom jag tar med mig från idag:

_____
_____
_____

Hur har jag mått?

Idag har jag lyckats med mina vanor:

1. Ja / Nej
2. Ja / Nej
3. Ja / Nej

Idag var mitt humör:

Mitt dagblad ___/___/___

Idag är jag tacksam för:

1.
2.
3.

Idag prioriterar jag:

1.
2.
3.

En sak som gjort mig glad idag:

En lärdom jag tar med mig från idag:

Hur har jag mått?

Idag har jag lyckats med mina vanor:

1. Ja / Nej
2. Ja / Nej
3. Ja / Nej

Idag var mitt humör:

Min veckosammanfattning

Vilka saker blev som jag tänkt mig denna vecka?

_____

_____

_____

Vilka saker kan jag göra annorlunda en annan gång?

_____

_____

_____

Hur har jag mest mått denna vecka? 👍 👎

Hur har mitt humör mestadels varit denna vecka?

😃 🙂 😐 🙁 🤕 😫 🥰 😖 🤪 😎 😑 😳 😲 😈 😇

Så här lyckades jag med mina vanor den här veckan:

☒   ★☆☆   ★★☆   ★★★

Min veckosammanfattning fortsättning

Vad har jag kunnat påverka i veckan?

_____

_____

Vad lärde jag mig av det?

_____

_____

Vad har jag <u>inte</u> kunnat påverka i veckan?

_____

_____

Hur väljer jag att hantera det?

o Älta	o Deppa	o Acceptera
o Släppa	o Ignorera	o Skoja bort
o Lära av	o Sura	o Perspektiv

Annat sätt: _____

Vilka av mina prioriterade uppgifter denna vecka blev
olösta och är aktuella att flytta över till nästa vecka?

Mina tankar efter veckan

Veckoöversikt vecka: _____ år: 20 ____

Min intention för veckan:

_____
_____
_____
_____

Mitt fokus för veckan:

_____
_____
_____
_____

Mina fem viktigaste prioriteringar:
1. _____
2. _____
3. _____
4. _____
5. _____

Veckans vanor. I veckan ska jag:
1. _____
För att: _____

2. _____
För att: _____

3. _____
För att: _____

Mitt dagblad ___/___/___

Idag är jag tacksam för:

1. _____
2. _____
3. _____

Idag prioriterar jag:

1. _____
2. _____
3. _____

En sak som gjort mig glad idag:

_____
_____
_____

En lärdom jag tar med mig från idag:

_____
_____
_____

Hur har jag mått?

Idag har jag lyckats med mina vanor:

1. Ja / Nej
2. Ja / Nej
3. Ja / Nej

Idag var mitt humör:

Mitt dagblad ___ / ___ / ___

Idag är jag tacksam för:
1. _____
2. _____
3. _____

Idag prioriterar jag:
1. _____
2. _____
3. _____

En sak som gjort mig glad idag:
_____
_____

En lärdom jag tar med mig från idag:
_____
_____

Hur har jag mått?

Idag har jag lyckats med mina vanor:

1. Ja / Nej
2. Ja / Nej
3. Ja / Nej

Idag var mitt humör:

Mitt dagblad ___ / ___ / ___

Idag är jag tacksam för:

1. _____
2. _____
3. _____

Idag prioriterar jag:

1. _____
2. _____
3. _____

En sak som gjort mig glad idag:

_____
_____
_____

En lärdom jag tar med mig från idag:

_____
_____
_____

Hur har jag mått?

Idag har jag lyckats med mina vanor:

1. Ja / Nej
2. Ja / Nej
3. Ja / Nej

Idag var mitt humör:

😀 😊 😑 😣 😭 😦 😍 😖 😵 😎 😋 😬 😯 😈 😇

Mitt dagblad ___ / ___ / ___

Idag är jag tacksam för:

1. _____
2. _____
3. _____

Idag prioriterar jag:

1. _____
2. _____
3. _____

En sak som gjort mig glad idag:

_____
_____

En lärdom jag tar med mig från idag:

_____
_____

Hur har jag mått?

Idag har jag lyckats med mina vanor:

1. Ja / Nej
2. Ja / Nej
3. Ja / Nej

Idag var mitt humör:

Mitt dagblad ___/___/___

Idag är jag tacksam för:

1._____

2._____

3._____

Idag prioriterar jag:

1._____

2._____

3._____

En sak som gjort mig glad idag:

_____

_____

_____

En lärdom jag tar med mig från idag:

_____

_____

_____

Hur har jag mått?

Idag har jag lyckats med mina vanor:

1. Ja / Nej
2. Ja / Nej
3. Ja / Nej

Idag var mitt humör:

😀 😊 😑 🙁 😭 😒 😍 😖 😵 😎 😐 😳 😯 😈 😌

Mitt dagblad _____ / _____ / _____

Idag är jag tacksam för:

1. _____
2. _____
3. _____

Idag prioriterar jag:

1. _____
2. _____
3. _____

En sak som gjort mig glad idag:

_____
_____
_____

En lärdom jag tar med mig från idag:

_____
_____
_____

Hur har jag mått?   Idag har jag lyckats med
                                 mina vanor:

                                 1. Ja / Nej
                                 2. Ja / Nej
                                 3. Ja / Nej

Idag var mitt humör:

😀 😊 😐 😔 🤐 😟 😍 😖 🤩 😎 🙂 😕 😳 😈 😌

232

Mitt dagblad ___ / ___ / ___

Idag är jag tacksam för:

1. _____
2. _____
3. _____

Idag prioriterar jag:

1. _____
2. _____
3. _____

En sak som gjort mig glad idag:

_____

_____

_____

En lärdom jag tar med mig från idag:

_____

_____

_____

Hur har jag mått?

Idag har jag lyckats med mina vanor:

1. Ja / Nej
2. Ja / Nej
3. Ja / Nej

Idag var mitt humör:

😀 🙂 😐 🙁 😭 😟 🥰 😖 🤩 😎 😌 😔 😲 😈 😇

Min veckosammanfattning

Vilka saker blev som jag tänkt mig denna vecka?

_____

_____

_____

Vilka saker kan jag göra annorlunda en annan gång?

_____

_____

_____

Hur har jag mest mått denna vecka? 👍 👎

Hur har mitt humör mestadels varit denna vecka?

😀 😊 😐 ☹️ 😭 😟 🥰 😣 🤬 😎 😕 😖 😮 😈 😇

Så här lyckades jag med mina vanor den här veckan:

☒   ★☆☆   ★★☆   ★★★

Min veckosammanfattning fortsättning

Vad har jag kunnat påverka i veckan?

_____

_____

Vad lärde jag mig av det?

_____

_____

_____

Vad har jag _inte_ kunnat påverka i veckan?

_____

_____

Hur väljer jag att hantera det?

- o Älta
- o Släppa
- o Lära av

- o Deppa
- o Ignorera
- o Sura

- o Acceptera
- o Skoja bort
- o Perspektiv

Annat sätt: _____

Vilka av mina prioriterade uppgifter denna vecka blev olösta och är aktuella att flytta över till nästa vecka?

Mina tankar efter veckan

Veckoöversikt vecka: _____ år: 20 _____

Min intention för veckan:

_____
_____
_____
_____

Mitt fokus för veckan:

_____
_____
_____
_____

Mina fem viktigaste prioriteringar:

1. _____
2. _____
3. _____
4. _____
5. _____

Veckans vanor. I veckan ska jag:

1. _____
För att: _____

2. _____
För att: _____

3. _____
För att: _____

Mitt dagblad ___ / ___ / ___

Idag är jag tacksam för:

1. _____

2. _____

3. _____

Idag prioriterar jag:

1. _____

2. _____

3. _____

En sak som gjort mig glad idag:

_____

_____

_____

En lärdom jag tar med mig från idag:

_____

_____

_____

Hur har jag mått?

Idag har jag lyckats med mina vanor:

1. Ja / Nej
2. Ja / Nej
3. Ja / Nej

Idag var mitt humör:

😀 🙂 😐 🙁 😭 😓 😍 😖 🤩 😎 😊 😅 😯 😈 😊

Mitt dagblad ___/___/___

Idag är jag tacksam för:

1. _____
2. _____
3. _____

Idag prioriterar jag:

1. _____
2. _____
3. _____

En sak som gjort mig glad idag:

_____
_____
_____

En lärdom jag tar med mig från idag:

_____
_____
_____

Hur har jag mått?

Idag har jag lyckats med mina vanor:

1. Ja / Nej
2. Ja / Nej
3. Ja / Nej

Idag var mitt humör:

Mitt dagblad ___ / ___ / ___

Idag är jag tacksam för:

1. _____
2. _____
3. _____

Idag prioriterar jag:

1. _____
2. _____
3. _____

En sak som gjort mig glad idag:

_____
_____
_____

En lärdom jag tar med mig från idag:

_____
_____
_____

Hur har jag mått?

Idag har jag lyckats med mina vanor:

1. Ja / Nej
2. Ja / Nej
3. Ja / Nej

Idag var mitt humör:

Mitt dagblad ___ / ___ / ___

Idag är jag tacksam för:

1. _____

2. _____

3. _____

Idag prioriterar jag:

1. _____

2. _____

3. _____

En sak som gjort mig glad idag:

_____

_____

En lärdom jag tar med mig från idag:

_____

_____

Hur har jag mått?

Idag har jag lyckats med mina vanor:

1. Ja / Nej

2. Ja / Nej

3. Ja / Nej

Idag var mitt humör:

Mitt dagblad ___ / ___ / ___

Idag är jag tacksam för:

1. _____
2. _____
3. _____

Idag prioriterar jag:

1. _____
2. _____
3. _____

En sak som gjort mig glad idag:

_____
_____
_____

En lärdom jag tar med mig från idag:

_____
_____
_____

Hur har jag mått?

Idag har jag lyckats med mina vanor:

1. Ja / Nej
2. Ja / Nej
3. Ja / Nej

Idag var mitt humör:

Mitt dagblad ___/___/___

Idag är jag tacksam för:

1. _____
2. _____
3. _____

Idag prioriterar jag:

1. _____
2. _____
3. _____

En sak som gjort mig glad idag:

_____
_____
_____

En lärdom jag tar med mig från idag:

_____
_____
_____

Hur har jag mått?

Idag har jag lyckats med mina vanor:

1. Ja / Nej
2. Ja / Nej
3. Ja / Nej

Idag var mitt humör:

Mitt dagblad ____ / ____ / ____

Idag är jag tacksam för:

1. _____
2. _____
3. _____

Idag prioriterar jag:

1. _____
2. _____
3. _____

En sak som gjort mig glad idag:

_____
_____
_____

En lärdom jag tar med mig från idag:

_____
_____
_____

Hur har jag mått?

Idag har jag lyckats med mina vanor:

1. Ja / Nej
2. Ja / Nej
3. Ja / Nej

Idag var mitt humör:

Min veckosammanfattning

Vilka saker blev som jag tänkt mig denna vecka?

_____

_____

_____

Vilka saker kan jag göra annorlunda en annan gång?

_____

_____

_____

Hur har jag mest mått denna vecka? 👍 👎

Hur har mitt humör mestadels varit denna vecka?

😃 🙂 😐 🙁 😭 😨 😍 😖 😵 😎 😌 😳 😲 😈 😊

Så här lyckades jag med mina vanor den här veckan:

☒   ★☆☆   ★★☆   ★★★

Min veckosammanfattning fortsättning

Vad har jag kunnat påverka i veckan?

Vad lärde jag mig av det?

Vad har jag _inte_ kunnat påverka i veckan?

Hur väljer jag att hantera det?

- o Älta
- o Släppa
- o Lära av

- o Deppa
- o Ignorera
- o Sura

- o Acceptera
- o Skoja bort
- o Perspektiv

Annat sätt:

Vilka av mina prioriterade uppgifter denna vecka blev olösta och är aktuella att flytta över till nästa vecka?

Mina tankar efter veckan

Veckoöversikt vecka: _____ år: 20 _____

Min intention för veckan:

_____
_____
_____
_____

Mitt fokus för veckan:

_____
_____
_____
_____

Mina fem viktigaste prioriteringar:

1. _____
2. _____
3. _____
4. _____
5. _____

Veckans vanor. I veckan ska jag:

1. _____
För att: _____
_____

2. _____
För att: _____
_____

3. _____
För att: _____
_____

Mitt dagblad ___ / ___ / ___

Idag är jag tacksam för:

1. _____
2. _____
3. _____

Idag prioriterar jag:

1. _____
2. _____
3. _____

En sak som gjort mig glad idag:

_____
_____
_____

En lärdom jag tar med mig från idag:

_____
_____
_____

Hur har jag mått?

Idag har jag lyckats med mina vanor:

1. Ja / Nej
2. Ja / Nej
3. Ja / Nej

Idag var mitt humör:

Mitt dagblad ___ / ___ / ___

Idag är jag tacksam för:

1. _____
2. _____
3. _____

Idag prioriterar jag:

1. _____
2. _____
3. _____

En sak som gjort mig glad idag:

_____
_____
_____

En lärdom jag tar med mig från idag:

_____
_____
_____

Hur har jag mått?

Idag har jag lyckats med mina vanor:

1. Ja / Nej
2. Ja / Nej
3. Ja / Nej

Idag var mitt humör:

😀 😊 😐 ☹️ 🤐 😧 😍 😖 🤩 😎 🙂 😟 😮 😈 😇

Mitt dagblad ___ / ___ / ___

Idag är jag tacksam för:

1. _____

2. _____

3. _____

Idag prioriterar jag:

1. _____

2. _____

3. _____

En sak som gjort mig glad idag:

_____

_____

_____

En lärdom jag tar med mig från idag:

_____

_____

_____

Hur har jag mått?   Idag har jag lyckats med
                           mina vanor:

👍 👎   1. Ja / Nej
                           2. Ja / Nej
                           3. Ja / Nej

Idag var mitt humör:

😀 😊 😐 ☹️ 😭 😟 😍 😣 😵 😎 😌 😅 😮 😈 😇

Mitt dagblad ___/___/___

Idag är jag tacksam för:

1. _____

2. _____

3. _____

Idag prioriterar jag:

1. _____

2. _____

3. _____

En sak som gjort mig glad idag:

_____

_____

En lärdom jag tar med mig från idag:

_____

_____

Hur har jag mått?

Idag har jag lyckats med
mina vanor:

1. Ja / Nej

2. Ja / Nej

3. Ja / Nej

Idag var mitt humör:

254

Mitt dagblad ___ / ___ / ___

Idag är jag tacksam för:

1. _____
2. _____
3. _____

Idag prioriterar jag:

1. _____
2. _____
3. _____

En sak som gjort mig glad idag:

_____

_____

_____

En lärdom jag tar med mig från idag:

_____

_____

_____

Hur har jag mått?   Idag har jag lyckats med
                                     mina vanor:

                                     1. Ja / Nej
                                     2. Ja / Nej
                                     3. Ja / Nej

Idag var mitt humör:

Mitt dagblad ___/___/___

Idag är jag tacksam för:
1.
2.
3.

Idag prioriterar jag:
1.
2.
3.

En sak som gjort mig glad idag:

En lärdom jag tar med mig från idag:

Hur har jag mått?

Idag har jag lyckats med mina vanor:

1. Ja / Nej
2. Ja / Nej
3. Ja / Nej

Idag var mitt humör:

Mitt dagblad ___ / ___ / ___

Idag är jag tacksam för:

1. _____
2. _____
3. _____

Idag prioriterar jag:

1. _____
2. _____
3. _____

En sak som gjort mig glad idag:

_____
_____
_____

En lärdom jag tar med mig från idag:

_____
_____
_____

Hur har jag mått?

Idag har jag lyckats med mina vanor:

1. Ja / Nej
2. Ja / Nej
3. Ja / Nej

Idag var mitt humör:

Min veckosammanfattning

Vilka saker blev som jag tänkt mig denna vecka?

Vilka saker kan jag göra annorlunda en annan gång?

Hur har jag mest mått denna vecka?   👍   👎

Hur har mitt humör mestadels varit denna vecka?

😀 😊 😐 ☹️ 😷 🙄 😍 😖 🤩 😎 😌 😵 😮 😈 😇

Så här lyckades jag med mina vanor den här veckan:

☒   ⭐☆☆   ⭐⭐☆   ⭐⭐⭐

Min veckosammanfattning fortsättning

Vad har jag kunnat påverka i veckan?

Vad lärde jag mig av det?

Vad har jag inte kunnat påverka i veckan?

Hur väljer jag att hantera det?

- o Älta
- o Släppa
- o Lära av

- o Deppa
- o Ignorera
- o Sura

- o Acceptera
- o Skoja bort
- o Perspektiv

Annat sätt:

Vilka av mina prioriterade uppgifter denna vecka blev olösta och är aktuella att flytta över till nästa vecka?

Mina tankar efter veckan

Veckoöversikt vecka: _____ år: 20____

Min intention för veckan:

_____
_____
_____
_____

Mitt fokus för veckan:

_____
_____
_____
_____

Mina fem viktigaste prioriteringar:
1. _____
2. _____
3. _____
4. _____
5. _____

Veckans vanor. I veckan ska jag:
1. _____
För att: _____

2. _____
För att: _____

3. _____
För att: _____

Mitt dagblad ___ / ___ / ___

Idag är jag tacksam för:

1. _____
2. _____
3. _____

Idag prioriterar jag:

1. _____
2. _____
3. _____

En sak som gjort mig glad idag:

_____
_____
_____

En lärdom jag tar med mig från idag:

_____
_____
_____

Hur har jag mått?

Idag har jag lyckats med mina vanor:

1. Ja / Nej
2. Ja / Nej
3. Ja / Nej

Idag var mitt humör:

263

Mitt dagblad ___ / ___ / ___

Idag är jag tacksam för:

1. _____
2. _____
3. _____

Idag prioriterar jag:

1. _____
2. _____
3. _____

En sak som gjort mig glad idag:

_____
_____
_____

En lärdom jag tar med mig från idag:

_____
_____
_____

Hur har jag mått?

👍 👎

Idag har jag lyckats med mina vanor:

1. Ja / Nej
2. Ja / Nej
3. Ja / Nej

Idag var mitt humör:

Mitt dagblad ___ / ___ / ___

Idag är jag tacksam för:

1. _____
2. _____
3. _____

Idag prioriterar jag:

1. _____
2. _____
3. _____

En sak som gjort mig glad idag:

_____
_____
_____

En lärdom jag tar med mig från idag:

_____
_____
_____

Hur har jag mått?

Idag har jag lyckats med mina vanor:

1. Ja / Nej
2. Ja / Nej
3. Ja / Nej

Idag var mitt humör:

😀 🙂 😑 🙁 😭 😯 😍 😣 🤩 😎 😌 😖 😲 😈 😇

Mitt dagblad ___ / ___ / ___

Idag är jag tacksam för:

1. _____
2. _____
3. _____

Idag prioriterar jag:

1. _____
2. _____
3. _____

En sak som gjort mig glad idag:

_____
_____

En lärdom jag tar med mig från idag:

_____
_____

Hur har jag mått?

Idag har jag lyckats med mina vanor:

1. Ja / Nej
2. Ja / Nej
3. Ja / Nej

Idag var mitt humör:

Mitt dagblad ___/___/___

Idag är jag tacksam för:

1. _____
2. _____
3. _____

Idag prioriterar jag:

1. _____
2. _____
3. _____

En sak som gjort mig glad idag:

_____
_____
_____

En lärdom jag tar med mig från idag:

_____
_____
_____

Hur har jag mått?

Idag har jag lyckats med mina vanor:

1. Ja / Nej
2. Ja / Nej
3. Ja / Nej

Idag var mitt humör:

Mitt dagblad ___ / ___ / ___

Idag är jag tacksam för:

1. _____
2. _____
3. _____

Idag prioriterar jag:

1. _____
2. _____
3. _____

En sak som gjort mig glad idag:

_____
_____
_____

En lärdom jag tar med mig från idag:

_____
_____
_____

Hur har jag mått?

Idag har jag lyckats med mina vanor:

1. Ja / Nej
2. Ja / Nej
3. Ja / Nej

Idag var mitt humör:

Mitt dagblad ____ / ____ / ____

Idag är jag tacksam för:
1. _____
2. _____
3. _____

Idag prioriterar jag:
1. _____
2. _____
3. _____

En sak som gjort mig glad idag:
_____
_____
_____

En lärdom jag tar med mig från idag:
_____
_____
_____

Hur har jag mått?

Idag har jag lyckats med mina vanor:

1. Ja / Nej
2. Ja / Nej
3. Ja / Nej

Idag var mitt humör:

Min veckosammanfattning

Vilka saker blev som jag tänkt mig denna vecka?

_____

_____

_____

Vilka saker kan jag göra annorlunda en annan gång?

_____

_____

_____

Hur har jag mest mått denna vecka?   👍   👎

Hur har mitt humör mestadels varit denna vecka?

😀 🙂 😐 🙁 😭 😠 😍 😖 😵 😎 😌 😳 😮 😈 😇

Så här lyckades jag med mina vanor den här veckan:

☒   ★☆☆   ★★☆   ★★★

Min veckosammanfattning fortsättning

Vad har jag kunnat påverka i veckan?

_____

_____

_____

Vad lärde jag mig av det?

_____

_____

_____

Vad har jag <u>inte</u> kunnat påverka i veckan?

_____

_____

_____

Hur väljer jag att hantera det?

- o Älta
- o Släppa
- o Lära av

- o Deppa
- o Ignorera
- o Sura

- o Acceptera
- o Skoja bort
- o Perspektiv

Annat sätt: _____

Vilka av mina prioriterade uppgifter denna vecka blev
olösta och är aktuella att flytta över till nästa vecka?

271

Mina tankar efter veckan

Veckoöversikt vecka: _____ år: 20 _____

Min intention för veckan:

_____

_____

_____

_____

Mitt fokus för veckan:

_____

_____

_____

_____

Mina fem viktigaste prioriteringar:

1. _____

2. _____

3. _____

4. _____

5. _____

Veckans vanor. I veckan ska jag:

1. _____

För att: _____

2. _____

För att: _____

3. _____

För att: _____

Mitt dagblad ___ / ___ / ___

Idag är jag tacksam för:

1. _____
2. _____
3. _____

Idag prioriterar jag:

1. _____
2. _____
3. _____

En sak som gjort mig glad idag:

_____
_____
_____

En lärdom jag tar med mig från idag:

_____
_____
_____

Hur har jag mått?   Idag har jag lyckats med
                              mina vanor:

                              1. Ja / Nej
                              2. Ja / Nej
                              3. Ja / Nej

Idag var mitt humör:

😀 😊 😐 😟 😭 😨 😍 😖 🤩 😎 😋 😬 😯 😈 😇

Mitt dagblad _____ / _____ / _____

Idag är jag tacksam för:

1. ....
2. ....
3. ....

Idag prioriterar jag:

1. ....
2. ....
3. ....

En sak som gjort mig glad idag:

....

....

....

En lärdom jag tar med mig från idag:

....

....

....

Hur har jag mått?   Idag har jag lyckats med mina vanor:

1. Ja / Nej
2. Ja / Nej
3. Ja / Nej

Idag var mitt humör:

😃 🙂 😐 🙁 🤐 😣 😍 😖 🤩 😎 🙂 😟 😯 😈 😇

276

Mitt dagblad ___/___/___

Idag är jag tacksam för:

1._____

2._____

3._____

Idag prioriterar jag:

1._____

2._____

3._____

En sak som gjort mig glad idag:

_____

_____

_____

En lärdom jag tar med mig från idag:

_____

_____

_____

Hur har jag mått?

Idag har jag lyckats med mina vanor:

1. Ja / Nej
2. Ja / Nej
3. Ja / Nej

Idag var mitt humör:

😃 😊 😐 😟 🤐 😵 😍 😖 🤩 😎 😋 😔 😲 😈 😇

Mitt dagblad ___ / ___ / ___

Idag är jag tacksam för:

1. _____

2. _____

3. _____

Idag prioriterar jag:

1. _____

2. _____

3. _____

En sak som gjort mig glad idag:

_____

_____

_____

En lärdom jag tar med mig från idag:

_____

_____

_____

Hur har jag mått?   Idag har jag lyckats med
                                 mina vanor:

                                 1. Ja / Nej
                                 2. Ja / Nej
                                 3. Ja / Nej

Idag var mitt humör:

Mitt dagblad ___ / ___ / ___

Idag är jag tacksam för:

1. _____
2. _____
3. _____

Idag prioriterar jag:

1. _____
2. _____
3. _____

En sak som gjort mig glad idag:

_____
_____
_____

En lärdom jag tar med mig från idag:

_____
_____
_____

Hur har jag mått?   Idag har jag lyckats med
                                 mina vanor:

👍   👎   1. Ja / Nej
                                 2. Ja / Nej
                                 3. Ja / Nej

Idag var mitt humör:

😀 🙂 😑 🙁 😭 😌 😊 😖 🤩 😎 😊 😊 😮 😈 😊

Mitt dagblad ___ / ___ / ___

Idag är jag tacksam för:

1. _____

2. _____

3. _____

Idag prioriterar jag:

1. _____

2. _____

3. _____

En sak som gjort mig glad idag:

_____

_____

_____

En lärdom jag tar med mig från idag:

_____

_____

_____

Hur har jag mått?

Idag har jag lyckats med mina vanor:

1. Ja / Nej
2. Ja / Nej
3. Ja / Nej

Idag var mitt humör:

😄 😊 😐 ☹️ 🤬 😟 😍 😖 😵 😎 🙂 😬 😯 😈 😇

Mitt dagblad ___ / ___ / ___

Idag är jag tacksam för:
1. _____
2. _____
3. _____

Idag prioriterar jag:
1. _____
2. _____
3. _____

En sak som gjort mig glad idag:
_____
_____
_____

En lärdom jag tar med mig från idag:
_____
_____
_____

Hur har jag mått?   Idag har jag lyckats med
                         mina vanor:

                         1. Ja / Nej
                         2. Ja / Nej
                         3. Ja / Nej

Idag var mitt humör:

😀 😊 😐 🙁 😭 😌 😍 😣 😵 😎 😉 😬 😮 😈 😇

Min veckosammanfattning

Vilka saker blev som jag tänkt mig denna vecka?

_____

_____

_____

Vilka saker kan jag göra annorlunda en annan gång?

_____

_____

_____

Hur har jag mest mått denna vecka? 👍 👎

Hur har mitt humör mestadels varit denna vecka?

😃 😊 😐 ☹️ 🤐 😒 😍 😣 🤩 😎 😌 😵 😲 😈 😇

Så här lyckades jag med mina vanor den här veckan:

☒ ★☆☆ ★★☆ ★★★

Min veckosammanfattning fortsättning

Vad har jag kunnat påverka i veckan?

Vad lärde jag mig av det?

Vad har jag <u>inte</u> kunnat påverka i veckan?

Hur väljer jag att hantera det?

- o Älta
- o Släppa
- o Lära av

- o Deppa
- o Ignorera
- o Sura

- o Acceptera
- o Skoja bort
- o Perspektiv

Annat sätt:

Vilka av mina prioriterade uppgifter denna vecka blev olösta och är aktuella att flytta över till nästa vecka?

Mina tankar efter veckan

Veckoöversikt vecka: _____ år: 20 _____

Min intention för veckan:

_____

_____

_____

_____

Mitt fokus för veckan:

_____

_____

_____

_____

_____

Mina fem viktigaste prioriteringar:

1. _____
2. _____
3. _____
4. _____
5. _____

Veckans vanor. I veckan ska jag:

1. _____
För att: _____

2. _____
För att: _____

3. _____
För att: _____

Mitt dagblad ___ / ___ / ___

Idag är jag tacksam för:
1. _____
2. _____
3. _____

Idag prioriterar jag:
1. _____
2. _____
3. _____

En sak som gjort mig glad idag:
_____
_____
_____

En lärdom jag tar med mig från idag:
_____
_____
_____

Hur har jag mått?

Idag har jag lyckats med
mina vanor:

1. Ja / Nej
2. Ja / Nej
3. Ja / Nej

Idag var mitt humör:

Mitt dagblad ___ / ___ / ___

Idag är jag tacksam för:

1. _____
2. _____
3. _____

Idag prioriterar jag:

1. _____
2. _____
3. _____

En sak som gjort mig glad idag:

_____
_____
_____

En lärdom jag tar med mig från idag:

_____
_____
_____

Hur har jag mått?

Idag har jag lyckats med mina vanor:

1. Ja / Nej
2. Ja / Nej
3. Ja / Nej

Idag var mitt humör:

Mitt dagblad ___ / ___ / ___

Idag är jag tacksam för:

1. _____
2. _____
3. _____

Idag prioriterar jag:

1. _____
2. _____
3. _____

En sak som gjort mig glad idag:

_____
_____
_____

En lärdom jag tar med mig från idag:

_____
_____
_____

Hur har jag mått?

Idag har jag lyckats med mina vanor:

1. Ja / Nej
2. Ja / Nej
3. Ja / Nej

Idag var mitt humör:

Mitt dagblad ___/___/___

Idag är jag tacksam för:

1. _____
2. _____
3. _____

Idag prioriterar jag:

1. _____
2. _____
3. _____

En sak som gjort mig glad idag:

_____
_____

En lärdom jag tar med mig från idag:

_____
_____

Hur har jag mått?

Idag har jag lyckats med mina vanor:

1. Ja / Nej
2. Ja / Nej
3. Ja / Nej

Idag var mitt humör:

Mitt dagblad ___ / ___ / ___

Idag är jag tacksam för:

1. _____
2. _____
3. _____

Idag prioriterar jag:

1. _____
2. _____
3. _____

En sak som gjort mig glad idag:

_____
_____
_____

En lärdom jag tar med mig från idag:

_____
_____
_____

Hur har jag mått?

Idag har jag lyckats med mina vanor:

1. Ja / Nej
2. Ja / Nej
3. Ja / Nej

Idag var mitt humör:

Mitt dagblad ___/___/___

Idag är jag tacksam för:

1.
2.
3.

Idag prioriterar jag:

1.
2.
3.

En sak som gjort mig glad idag:

En lärdom jag tar med mig från idag:

Hur har jag mått?

Idag har jag lyckats med mina vanor:

1. Ja / Nej
2. Ja / Nej
3. Ja / Nej

Idag var mitt humör:

😃 😊 😐 ☹️ 😰 😵 😍 😖 🤬 😎 😋 😬 😮 😈 😇

Mitt dagblad ___ / ___ / ___

Idag är jag tacksam för:

1. _____

2. _____

3. _____

Idag prioriterar jag:

1. _____

2. _____

3. _____

En sak som gjort mig glad idag:

_____

_____

_____

En lärdom jag tar med mig från idag:

_____

_____

_____

Hur har jag mått?

Idag har jag lyckats med mina vanor:

1. Ja / Nej
2. Ja / Nej
3. Ja / Nej

Idag var mitt humör:

Min veckosammanfattning

Vilka saker blev som jag tänkt mig denna vecka?

_____

_____

_____

Vilka saker kan jag göra annorlunda en annan gång?

_____

_____

_____

Hur har jag mest mått denna vecka?　👍　👎

Hur har mitt humör mestadels varit denna vecka?

😃 😄 😐 😟 🤫 😓 😍 😖 🤯 😎 😑 😳 😯 😈 😊

Så här lyckades jag med mina vanor den här veckan:

☒　★☆☆　★★☆　★★★

Min veckosammanfattning fortsättning

Vad har jag kunnat påverka i veckan?

_____

_____

_____

Vad lärde jag mig av det?

_____

_____

_____

Vad har jag _inte_ kunnat påverka i veckan?

_____

_____

_____

Hur väljer jag att hantera det?

- o Älta
- o Släppa
- o Lära av

- o Deppa
- o Ignorera
- o Sura

- o Acceptera
- o Skoja bort
- o Perspektiv

Annat sätt: _____

Vilka av mina prioriterade uppgifter denna vecka blev
olösta och är aktuella att flytta över till nästa vecka?

Mina tankar efter veckan

Veckoöversikt vecka: _____ år: 20 _____

Min intention för veckan:
_____
_____
_____
_____

Mitt fokus för veckan:
_____
_____
_____
_____

Mina fem viktigaste prioriteringar:
1. _____
2. _____
3. _____
4. _____
5. _____

Veckans vanor. I veckan ska jag:
1. _____
För att: _____

2. _____
För att: _____

3. _____
För att: _____

Mitt dagblad ___ / ___ / ___

Idag är jag tacksam för:

1. _____
2. _____
3. _____

Idag prioriterar jag:

1. _____
2. _____
3. _____

En sak som gjort mig glad idag:

_____
_____
_____

En lärdom jag tar med mig från idag:

_____
_____
_____

Hur har jag mått?

Idag har jag lyckats med mina vanor:

1. Ja / Nej
2. Ja / Nej
3. Ja / Nej

Idag var mitt humör:

😀 🙂 😐 🙁 😭 😓 😍 😖 🤩 😎 😌 😏 😮 😈 😊

Mitt dagblad _____ / _____ / _____

Idag är jag tacksam för:

1. _____
2. _____
3. _____

Idag prioriterar jag:

1. _____
2. _____
3. _____

En sak som gjort mig glad idag:

_____
_____
_____

En lärdom jag tar med mig från idag:

_____
_____
_____

Hur har jag mått?

Idag har jag lyckats med mina vanor:

1. Ja / Nej
2. Ja / Nej
3. Ja / Nej

Idag var mitt humör:

Mitt dagblad ___/___/___

Idag är jag tacksam för:

1._____

2._____

3._____

Idag prioriterar jag:

1._____

2._____

3._____

En sak som gjort mig glad idag:

_____

_____

_____

En lärdom jag tar med mig från idag:

_____

_____

_____

Hur har jag mått?

Idag har jag lyckats med mina vanor:

1. Ja / Nej

2. Ja / Nej

3. Ja / Nej

Idag var mitt humör:

Mitt dagblad ___/___/___

Idag är jag tacksam för:

1. _____
2. _____
3. _____

Idag prioriterar jag:

1. _____
2. _____
3. _____

En sak som gjort mig glad idag:

_____
_____

En lärdom jag tar med mig från idag:

_____
_____

Hur har jag mått?

Idag har jag lyckats med mina vanor:

1. Ja / Nej
2. Ja / Nej
3. Ja / Nej

Idag var mitt humör:

302

Mitt dagblad ___/___/___

Idag är jag tacksam för:

1. _____
2. _____
3. _____

Idag prioriterar jag:

1. _____
2. _____
3. _____

En sak som gjort mig glad idag:

_____
_____
_____

En lärdom jag tar med mig från idag:

_____
_____
_____

Hur har jag mått?

Idag har jag lyckats med mina vanor:

1. Ja / Nej
2. Ja / Nej
3. Ja / Nej

Idag var mitt humör:

😃 😊 😐 ☹️ 😭 😖 😍 😣 🤩 😎 😌 😬 😮 😈 😇

Mitt dagblad _____ / _____ / _____

Idag är jag tacksam för:

1. _____

2. _____

3. _____

Idag prioriterar jag:

1. _____

2. _____

3. _____

En sak som gjort mig glad idag:

_____

_____

_____

En lärdom jag tar med mig från idag:

_____

_____

_____

Hur har jag mått?

Idag har jag lyckats med mina vanor:

1. Ja / Nej

2. Ja / Nej

3. Ja / Nej

Idag var mitt humör:

Mitt dagblad ___/___/___

Idag är jag tacksam för:

1. _____
2. _____
3. _____

Idag prioriterar jag:

1. _____
2. _____
3. _____

En sak som gjort mig glad idag:

_____
_____
_____

En lärdom jag tar med mig från idag:

_____
_____
_____

Hur har jag mått?

Idag har jag lyckats med mina vanor:

1. Ja / Nej
2. Ja / Nej
3. Ja / Nej

Idag var mitt humör:

Min veckosammanfattning

Vilka saker blev som jag tänkt mig denna vecka?

_____

_____

_____

Vilka saker kan jag göra annorlunda en annan gång?

_____

_____

_____

Hur har jag mest mått denna vecka?   👍   👎

Hur har mitt humör mestadels varit denna vecka?

😃 🙂 😕 ☹️ 🥺 😨 😍 😖 😵 😎 😐 😌 😮 😈 😊

Så här lyckades jag med mina vanor den här veckan:

☒   ⭐☆☆   ⭐⭐☆   ⭐⭐⭐

Min veckosammanfattning fortsättning

Vad har jag kunnat påverka i veckan?

_____

_____

_____

Vad lärde jag mig av det?

_____

_____

_____

Vad har jag _inte_ kunnat påverka i veckan?

_____

_____

_____

Hur väljer jag att hantera det?

o Älta	o Deppa	o Acceptera
o Släppa	o Ignorera	o Skoja bort
o Lära av	o Sura	o Perspektiv

Annat sätt: _____

Vilka av mina prioriterade uppgifter denna vecka blev
olösta och är aktuella att flytta över till nästa vecka?

Mina tankar efter veckan

Veckoöversikt vecka: _____ år: 20 _____

Min intention för veckan:

_____
_____
_____
_____

Mitt fokus för veckan:

_____
_____
_____
_____

Mina fem viktigaste prioriteringar:
1. _____
2. _____
3. _____
4. _____
5. _____

Veckans vanor. I veckan ska jag:
1. _____
För att: _____
_____

2. _____
För att: _____
_____

3. _____
För att: _____
_____

Mitt dagblad ___/___/___

Idag är jag tacksam för:

1. _____
2. _____
3. _____

Idag prioriterar jag:

1. _____
2. _____
3. _____

En sak som gjort mig glad idag:

_____
_____
_____

En lärdom jag tar med mig från idag:

_____
_____

Hur har jag mått?

Idag har jag lyckats med mina vanor:

1. Ja / Nej
2. Ja / Nej
3. Ja / Nej

Idag var mitt humör:

Mitt dagblad ___ / ___ / ___

Idag är jag tacksam för:

1. _____
2. _____
3. _____

Idag prioriterar jag:

1. _____
2. _____
3. _____

En sak som gjort mig glad idag:

_____
_____
_____

En lärdom jag tar med mig från idag:

_____
_____
_____

Hur har jag mått?

Idag har jag lyckats med mina vanor:

1. Ja / Nej
2. Ja / Nej
3. Ja / Nej

Idag var mitt humör:

☺ ☺ 😐 ☹ 😡 😰 😍 😖 🤩 😎 😊 😳 😮 😈 😌

Mitt dagblad ___ / ___ / ___

Idag är jag tacksam för:

1._____

2._____

3._____

Idag prioriterar jag:

1._____

2._____

3._____

En sak som gjort mig glad idag:

_____

_____

_____

En lärdom jag tar med mig från idag:

_____

_____

_____

Hur har jag mått?

Idag har jag lyckats med mina vanor:

1. Ja / Nej
2. Ja / Nej
3. Ja / Nej

Idag var mitt humör:

Mitt dagblad ___/___/___

Idag är jag tacksam för:

1. _____
2. _____
3. _____

Idag prioriterar jag:

1. _____
2. _____
3. _____

En sak som gjort mig glad idag:

_____
_____

En lärdom jag tar med mig från idag:

_____
_____

Hur har jag mått?

Idag har jag lyckats med mina vanor:

1. Ja / Nej
2. Ja / Nej
3. Ja / Nej

Idag var mitt humör:

Mitt dagblad ___/___/___

Idag är jag tacksam för:
1.
2.
3.

Idag prioriterar jag:
1.
2.
3.

En sak som gjort mig glad idag:

En lärdom jag tar med mig från idag:

Hur har jag mått?

Idag har jag lyckats med mina vanor:

1. Ja / Nej
2. Ja / Nej
3. Ja / Nej

Idag var mitt humör:

Mitt dagblad ___ / ___ / ___

Idag är jag tacksam för:

1. _____
2. _____
3. _____

Idag prioriterar jag:

1. _____
2. _____
3. _____

En sak som gjort mig glad idag:

_____
_____
_____

En lärdom jag tar med mig från idag:

_____
_____
_____

Hur har jag mått?   Idag har jag lyckats med
                              mina vanor:

                              1. Ja / Nej
                              2. Ja / Nej
                              3. Ja / Nej

Idag var mitt humör:

316

Mitt dagblad ___ / ___ / ___

Idag är jag tacksam för:

1.
2.
3.

Idag prioriterar jag:

1.
2.
3.

En sak som gjort mig glad idag:

En lärdom jag tar med mig från idag:

Hur har jag mått?

Idag har jag lyckats med mina vanor:

1. Ja / Nej
2. Ja / Nej
3. Ja / Nej

Idag var mitt humör:

Min veckosammanfattning

Vilka saker blev som jag tänkt mig denna vecka?

_____

_____

_____

Vilka saker kan jag göra annorlunda en annan gång?

_____

_____

_____

Hur har jag mest mått denna vecka?   👍   👎

Hur har mitt humör mestadels varit denna vecka?

😃 🙂 😐 🙁 😭 😨 😍 😖 🤩 😎 😌 😳 😲 😈 😊

Så här lyckades jag med mina vanor den här veckan:

☒   ★☆☆   ★★☆   ★★★

Min veckosammanfattning fortsättning

Vad har jag kunnat påverka i veckan?

Vad lärde jag mig av det?

Vad har jag _inte_ kunnat påverka i veckan?

Hur väljer jag att hantera det?

- ○ Älta
- ○ Släppa
- ○ Lära av

- ○ Deppa
- ○ Ignorera
- ○ Sura

- ○ Acceptera
- ○ Skoja bort
- ○ Perspektiv

Annat sätt:

Vilka av mina prioriterade uppgifter denna vecka blev olösta och är aktuella att flytta över till nästa vecka?

Mina tankar efter veckan

Veckoöversikt vecka: _____ år: 20 _____

Min intention för veckan:

_____
_____
_____
_____

Mitt fokus för veckan:

_____
_____
_____
_____

Mina fem viktigaste prioriteringar:
1. _____
2. _____
3. _____
4. _____
5. _____

Veckans vanor. I veckan ska jag:
1. _____
För att: _____

2. _____
För att: _____

3. _____
För att: _____

Mitt dagblad ___/___/___

Idag är jag tacksam för:

1. _____
2. _____
3. _____

Idag prioriterar jag:

1. _____
2. _____
3. _____

En sak som gjort mig glad idag:

_____
_____
_____

En lärdom jag tar med mig från idag:

_____
_____
_____

Hur har jag mått?

Idag har jag lyckats med mina vanor:

1. Ja / Nej
2. Ja / Nej
3. Ja / Nej

Idag var mitt humör:

Mitt dagblad ___ / ___ / ___

Idag är jag tacksam för:

1. _____
2. _____
3. _____

Idag prioriterar jag:

1. _____
2. _____
3. _____

En sak som gjort mig glad idag:

_____

_____

_____

En lärdom jag tar med mig från idag:

_____

_____

_____

Hur har jag mått?

Idag har jag lyckats med mina vanor:

1. Ja / Nej
2. Ja / Nej
3. Ja / Nej

Idag var mitt humör:

😃 🙂 😐 🙁 😴 😟 😍 😣 🤩 😎 😊 😷 😮 😈 😇

Mitt dagblad _____ / _____ / _____

Idag är jag tacksam för:

1. _____
2. _____
3. _____

Idag prioriterar jag:

1. _____
2. _____
3. _____

En sak som gjort mig glad idag:

_____
_____
_____

En lärdom jag tar med mig från idag:

_____
_____
_____

Hur har jag mått?   Idag har jag lyckats med
                               mina vanor:

           1. Ja / Nej
                               2. Ja / Nej
                               3. Ja / Nej

Idag var mitt humör:

Mitt dagblad ___/___/___

Idag är jag tacksam för:
1. _____
2. _____
3. _____

Idag prioriterar jag:
1. _____
2. _____
3. _____

En sak som gjort mig glad idag:
_____
_____

En lärdom jag tar med mig från idag:
_____
_____

Hur har jag mått?

Idag har jag lyckats med
mina vanor:

1. Ja / Nej
2. Ja / Nej
3. Ja / Nej

Idag var mitt humör:

Mitt dagblad ___ / ___ / ___

Idag är jag tacksam för:

1. _____
2. _____
3. _____

Idag prioriterar jag:

1. _____
2. _____
3. _____

En sak som gjort mig glad idag:

_____
_____
_____

En lärdom jag tar med mig från idag:

_____
_____

Hur har jag mått?

Idag har jag lyckats med mina vanor:

1. Ja / Nej
2. Ja / Nej
3. Ja / Nej

Idag var mitt humör:

😊 😊 😐 😦 😭 😟 😍 >< 🤩 😎 🙂 😳 😯 😈 😇

Mitt dagblad ___ / ___ / ___

Idag är jag tacksam för:

1. _____
2. _____
3. _____

Idag prioriterar jag:

1. _____
2. _____
3. _____

En sak som gjort mig glad idag:

_____
_____
_____

En lärdom jag tar med mig från idag:

_____
_____
_____

Hur har jag mått?

Idag har jag lyckats med mina vanor:

1. Ja / Nej
2. Ja / Nej
3. Ja / Nej

Idag var mitt humör:

Mitt dagblad ___ / ___ / ___

Idag är jag tacksam för:

1. _____
2. _____
3. _____

Idag prioriterar jag:

1. _____
2. _____
3. _____

En sak som gjort mig glad idag:

_____
_____
_____

En lärdom jag tar med mig från idag:

_____
_____
_____

Hur har jag mått?

Idag har jag lyckats med mina vanor:

1. Ja / Nej
2. Ja / Nej
3. Ja / Nej

Idag var mitt humör:

Min veckosammanfattning

Vilka saker blev som jag tänkt mig denna vecka?

Vilka saker kan jag göra annorlunda en annan gång?

Hur har jag mest mått denna vecka? 👍 👎

Hur har mitt humör mestadels varit denna vecka?

😃 🙂 😐 🙁 🥴 😨 😍 😣 🤩 😎 😌 😵 😲 😈 😊

Så här lyckades jag med mina vanor den här veckan:

☒   ⭐☆☆   ⭐⭐☆   ⭐⭐⭐

Min veckosammanfattning fortsättning

Vad har jag kunnat påverka i veckan?

_____

_____

_____

Vad lärde jag mig av det?

_____

_____

_____

_____

Vad har jag _inte_ kunnat påverka i veckan?

_____

_____

_____

Hur väljer jag att hantera det?

- ○ Älta
- ○ Släppa
- ○ Lära av
- ○ Deppa
- ○ Ignorera
- ○ Sura
- ○ Acceptera
- ○ Skoja bort
- ○ Perspektiv

Annat sätt: _____

Vilka av mina prioriterade uppgifter denna vecka blev
olösta och är aktuella att flytta över till nästa vecka?

Mina tankar efter veckan

Bra jobbat!

Nu har jag fyllt den här dagboken med 27 veckor av mitt liv! Det känner jag mig stolt över och är väldigt nöjd med.

Jag tar med mig många insikter och tankar från de här 27 veckorna och låter den erfarenheten vara del av resten av mitt liv, en dag i taget, en stund i taget.

Stort tack till mig själv för att jag har investerat så mycket tid och engagemang i mig själv!